U0742218

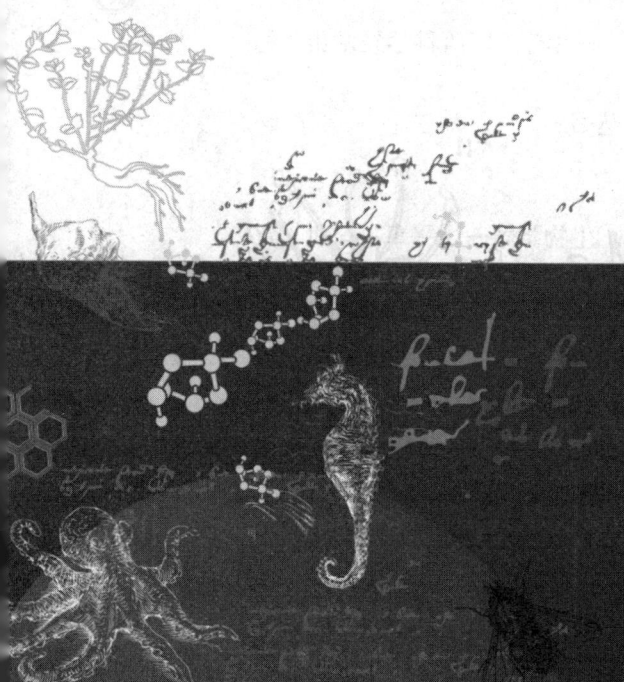

·十大科学家丛书·

十大生物学家

周文斌 主编

汪子春
赵云鲜
李凤生   著
石镜寰

广西科学技术出版社

图书在版编目（CIP）数据

十大生物学家 / 汪子春等著. —南宁：广西科学技术出
版社，2012.5（2020.6 重印）
（少年科学文库. 十大科学家丛书）
ISBN 978-7-80619-515-4

Ⅰ. ①十… Ⅱ. ①汪… Ⅲ. ①生物学家—生平事迹—世
界—少年读物 Ⅳ. ①K816.15-49

中国版本图书馆 CIP 数据核字（2012）第 116763 号

十大科学家丛书
SHI DA SHENGWUXUEJIA

十大生物学家

汪子春　赵云鲜　李凤生　石镜寰　著

责任编辑	池庆松	封面设计	寒林设计工作室
责任校对	黄博威	责任印制	韦文印

出 版 人　卢培钊
出版发行　广西科学技术出版社
　　　　　（南宁市东葛路 66 号　邮政编码 530023）
印　　刷　永清县晔盛亚胶印有限公司
　　　　　（永清县工业区大良村西部　邮政编码 065600）
开　　本　700mm×950mm　1/16
印　　张　11
字　　数　101 千字
版次印次　2020 年 6 月第 1 版第 5 次
书　　号　ISBN 978-7-80619-515-4
定　　价　24.00 元

本书如有倒装缺页等问题，请与出版社联系调换。

少年科学文库

顾问

严济慈　　周培源　　卢嘉锡　　钱三强　　周光召　　贝时璋

吴阶平　　钱伟长　　钱临照　　王大珩　　金善宝　　刘东生

王绶琯　　谈家桢

总主编

王梓坤　　林自新　　王国忠　　郭正谊　　朱志尧　　陈恂清

编委（按姓氏笔画排序）

王国忠　　王梓坤　　申先甲　　朱志尧　　刘后一　　刘路沙

陈恂清　　林自新　　周文斌　　郑延慧　　饶忠华　　徐克明

郭正谊　　詹以勤

《十大科学家丛书》

选题策划：黄　健

主编：周文斌

代序　致二十一世纪的主人

钱三强

　　时代的航船将很快进入 21 世纪，世纪之交，对我们中华民族的前途命运，是个关键的历史时期。现在 10 岁左右的少年儿童，到那时就是驾驭航船的主人，他们肩负着特殊的历史使命。为此，我们现在的成年人都应多为他们着想，为把他们造就成 21 世纪的优秀人才多尽一份心，多出一份力。人才成长，除了主观因素外，在客观上也需要各种物质的和精神的条件，其中，能否源源不断地为他们提供优质图书，对于少年儿童，在某种意义上说，是一个关键性条件。经验告诉人们，往往一本好书可以造就一个人，而一本坏书则可以毁掉一个人。我几乎天天盼着出版界利用社会主义的出版阵地，为我们 21 世纪的主人多出好书。广西科学技术出版社在这方面作出了令人欣喜的贡献。他们特邀我国科普创作界的一批著名科普作家，编辑出版了大型系列化自然科学普及读物——《少年科学文库》。《文库》分"科学知识"、"科技发展史"和"科学文艺"三大类，约计 100 种。《文库》除反映基础学科的知识外，还深入浅出地全面介绍当今世界最新的科学技术成就，充分体现了 90 年代科技发展的前沿水平。现在科普读物已有不少，而《文库》这批读物特有魅力，主要表现在观点新、题材新、角度新和手法新、内容丰富、覆盖面广、插图精美、形式活泼、语言流畅、通俗易懂，富于科学性、可读性、趣味性。因此，说《文库》是开启科技知识宝库的钥匙，缔造 21 世纪人才的摇篮，并不夸张。《文库》将成为中国少年朋友增长知识、发展智慧、促进成才的亲密朋友。

亲爱的少年朋友们，当你们走上工作岗位的时候，呈现在你们面前的将是一个繁花似锦的、具有高度文明的时代，也是科学技术高度发达的崭新时代。现代科学技术发展速度之快、规模之大、对人类社会的生产和生活产生影响之深，都是过去无法比拟的。我们的少年朋友，要想胜任驾驭时代航船，就必须从现在起努力学习科学，增长知识，扩大眼界，认识社会和自然发展的客观规律，为建设有中国特色的社会主义而艰苦奋斗。

我真诚地相信，在这方面，《少年科学文库》将会对你们提供十分有益的帮助，同时我衷心地希望，你们一定为当好 21 世纪的主人，知难而进、锲而不舍，从书本、从实践吸取现代科学知识的营养，使自己的视野更开阔、思想更活跃、思路更敏捷，更加聪明能干，将来成长为杰出的人才和科学巨匠，为中华民族的科学技术实现划时代的崛起，为中国迈入世界科技先进强国之林而奋斗。

亲爱的少年朋友，祝愿你们奔向 21 世纪的航程充满闪光的成功之标。

前　言

　　《十大科学家丛书》是《少年科学文库》中的科学家系列图书，在这套内容丰富、规模庞大的文库里，为什么要给科学家的故事留下重要的一个席位呢？只要看一看当前的书刊市场，我们便不难找到这个问题的答案。

　　如果你是一位家长，如果你有一个上中小学的孩子，如果你的孩子陷入了"追星族"、"发烧友"的狂热之中，而你又想改变孩子的兴趣和注意力，使孩子树立正确的人生观和价值观，那么你一定想带孩子到书市去转一转，为他（或她）选购几本具有正确价值取向、能鼓励人们奋发向上的课外读物。这时候，你也许会感到失望和沮丧。你会发现适合青少年阅读的这类图书实在太少太少。

　　在社会上的各类人群中，科学家是最应受到尊敬的人群之一。他们的力量最大，能改变人们的观念，改变生产和生活方式，改变整个社会面貌；他们的奉献精神最强，是他们把知识和智慧酿造成甘霖，洒向全世界，造福全人类；他们的思想境界最高，对自然规律的刻苦探索和深邃了解，是他们毕生的追求。今天，我们每一个人无不在享用着科学的恩惠，我们没有理由不去歌颂科学家的功德，没有理由不使科学家成为我们和我们的后代所崇敬和学习的榜样，没有理由不引导我们的青少年去追寻科学家的足迹，发扬他们的精神，继承他们的事业。正是出于这种考虑，我们的科普作家和出版家们才对《十大科学家丛书》的写作和出版投入了极大的热情。

全套丛书共分 10 册，较为系统地介绍了 100 名科学家的生平事迹和主要成就。他们都是世界或我们国内一流的科学家和发明家。他们的名字已被永远镌刻在人类科技发展史上。一切有兴趣阅读这套丛书的青少年，一定会从中获取力量，获取智慧，获取热情，获取对未来的新向往，惟有这一点，才是作者和编者的共同愿望。

周文斌

目　　录

血液循环论的建立者哈维

中世纪的西方，基督教的教义统治着人们的思想。科学不过是神学的婢女，所有的科学研究无不是为了证明上帝的智慧。如果有人通过科学研究而损害了上帝的光辉，他将被视为异教徒并受到最残忍的惩罚。哥白尼发现的日心说，以其完美缜密的理论体系推翻了基督教所信奉和推崇的地心说，引起了一场思想革命，动摇了上帝在人们心中至高无上的地位。神父们对此异常恐慌，把宣传哥白尼日心说的布鲁诺烧死在罗马的百花广场上，以此警告世人：所有对上帝不恭敬的人都会有同样悲惨的下场。但是，尊重事实、追求真理的科学家们并没有在恐吓面前畏缩。他们经过不懈的努力，反复的实践，终于又建立了一个新的理论，给宗教神学又一次沉重打击，掀起了一次新的思想革命，这就是血液循环论。而它的发现和创立者就是英国医生威廉·哈维。

早在公元 2 世纪，罗马医生盖伦在当时的认识水平上，提出了一个对血液运动的看法。他认为血液在肝脏里形成之后便存在于静脉中。静脉中的血液，其中有一部分流入右心室。进入右心室的血液，又分两路，一路流入肺部，一路渗透过左右心室之间的中隔（心室中隔）到达左心室，左心室里的血液经过动脉而遍布全身，并在周身消耗净尽，无所谓血液循环。他还认为血液在血管中的流动就像潮水的来潮与退潮一样，一会儿向着这个方向流动，一会儿又向着相反的方向流动。

盖伦是当时的有名医生，在医学和生物学方面都有不少成就。据说，他父亲曾梦见神告诉他说，他的儿子长大后应贡献给医学。果然，盖伦成为当时医学界著名的医生。在古代，盖伦达到的成就是惊人的，他那高超的医术为人称颂。但是盖伦在解剖学研究中，整个贯穿着"目的论"的观点。他认为人体上的一切构造和体内的一切生理机能，都是有意识、有目的安排的，从而也是最合理的。于是，盖伦关于人体解剖生理的论述，就成为神学家们论证上帝怎样有目的地造人的"证据"。而且，盖伦认为，肝脏产生"自然之气"，肺产生"生命之气"，脑产生"智慧之气"。这三种灵气混入血液中，在血管内像潮汐涨落那样来回做直线运动，供养各器官，造成奇妙的有智慧的生命现象。盖伦用三种灵气来解释生命现象，正好符合基督教的教义。基督教认为，世界是"一分为三"的。上帝即是"圣父、圣子、圣灵三位一体"。人可以分为僧侣、贵族、平民。自然界亦可分为动物、植物、矿物。而其中每一种又可以继续一分为三，如动物可分为鱼、兽、鸟。因此，在漫长的欧洲历史里，由于宗教神学的统治，盖伦关于人体解剖生理的论述，一直被奉为经典。

　　盖伦关于血液运动的理论，显然是错误的。尽管许多解剖学家解剖心脏，从来也没有发现过心室中隔上有小孔能渗过血液，但是直到哈维那时候，盖伦的理论还被人视为神圣不可侵犯，一千多年来一直保持着权威的地位。那时，人们对动物及人体的机能的了解，还是一片漆黑的。哈维正是在这种情况下，揭露了动物及人体的一项最重要的机能——血液循环，这不仅推翻了流行一千多年的盖伦的错误理论，破除了对盖伦权威的迷信，给了宗教神学思想统治一个有力打击，而且从此开始，才使人体及动物生理学真正成为科学。从此，人们对机体组织的生长、呼吸作用、腺体的机能等等的认识，就面目全新了。

学生时代

1578 年 4 月 1 日，威廉·哈维生于英国南岸肯特郡福克斯通一个自耕农家里。父亲托马斯·哈维刻苦耐劳，头脑灵活，在生意上小有成

就，曾一度做过福克斯通市长。母亲琼·哈维则是一位勤劳贤惠，深受邻里喜欢的人。哈维一家人口众多，有7个男孩和2个女孩。由于家道富裕，他们幼年都受过良好的教育。在这个亲密团结的大家庭中，长子威廉·哈维是唯一选择了学术生涯的人，其他几个兄弟都成了伦敦的商人。哈维天性爱好观察动物，从小对各种动物的活动方式充满着好奇心。据说，当他还是一个孩子的时候，就玩过从当地屠宰场弄来的动物心脏。哈维中学毕业于坎特勃里的皇家学校，16岁（1593年）入剑桥大学凯厄斯学院，攻读古代文学、自然科学、医学和哲学，并学习希腊文、拉丁文及物理学。19岁大学毕业，获得文学士学位。但这并不是他的愿望，在大学里爱好观察动物结构的天性没有得到充分的发挥，毕业后他准备开始学习医学。

1598年，即他大学毕业的第二年，哈维前往意大利遍访高等学府，最后决定在帕多瓦大学学医。这所大学在当时一向以学术自由著称。早在1222年，保守、腐朽的教会学校波罗纳书院中逃出来三个人。他们厌恶枯燥沉闷的神学教条，向往自由讨论。逃到威尼斯以西的帕多瓦后，他们在简陋的旅馆中开办了自己的书院。后来，书院发展成这座著名的学术大学。学校对学生的宗教信仰采取不干涉的方针，而且还由学生组成评议会管理学校，讨论大学的措施，聘请老师。由于这种自由、宽厚、进取的精神，帕多瓦大学就像中世纪黑暗时代中的一盏明灯，吸引着欧洲各地积极进取的青年。这里为热爱科学、追求真理的学者们创造了自由探索宇宙奥秘的学习环境，伟大的科学家伽利略曾在这里讲学，哥白尼也曾在这里学医三年。当时，宗教一再宣称"上帝厌恶流血"，著名的牛津大学和巴黎大学连人体解剖也不敢做。而帕多瓦大学则为学生们提供了完善的教学，并且名师济济。

其中有一位法布里修斯教授，讲授解剖学和生理学，是当时意大利最负盛誉的学者与医师，名震全欧，远近前来就学的青年极多，哈维就是其中的一个。自由的学术空气，名师的指导以及天性对动物的热爱，使得年轻的哈维沉醉于解剖学研究中。对于刚开始从事这方面研究的哈维来说，他完全为盖伦学说的包罗万象、无所不能的庞大体系所倾倒，为它的美妙和博大所迷醉。他如饥似渴地吸取其中的养分，逐渐成熟起来。年轻的哈维在帕多瓦大学学习期间即表现了他的创见才能、敏锐的观察力和研究毅力。

在帕多瓦大学，持有不同意见、观点的学生经常会争论起来，这种争论由于每一方都不能把对方说服，往往会变成争吵甚至是争斗。有一次，在一场争斗中，他的朋友被匕首割断了动脉。哈维一向是个观察敏锐的人，这次他注意到他朋友的血液从动脉中一阵一阵地喷出来的情景。他发现这与血液从静脉中平静流出的现象完全不同。这次经历给了他一个深刻的印象。

还有一些事情，也使哈维对盖伦学说产生了怀疑。在帕多瓦，哈维曾跟他的老师法布里修斯学习生理学，并作助理工作，当时，法布里修斯正对他所发现的静脉瓣膜做进一步研究。在上课和公开讲演时，他用活体进行实验，演示了这些瓣膜的功能。如果用绷带扎住手臂，沿着静脉所经之处就会看见突起的小瘤。这些鼓起的地方正好与解剖的静脉瓣膜的位置相对应。很显然，这些静脉瓣膜阻止了血液倒流。但是法布里修斯却沉湎于盖伦学说，不能摆脱关于静脉和血液的陈旧观念，仍然认为静脉是用来把富于营养而缺乏灵气的血液运出心脏供身体各部使用的。这样他就不能正确理解瓣膜的功能，而是认为："形成这些静脉瓣膜的原因，是为了使身体的任何部位都能以奇妙的比例分配到某一恰当数量的血液，以维持身体几个主要部位的营养。"而哈维似乎并不满足于这样的解释，他在协助老师研究静脉瓣膜结构时发现，这些瓣膜的瓣口通常只是向着通向心脏的方向开放的。这一点对哈维形成血液循环概念有着直接的影响。

随着深入的学习和观察，哈维越来越多地发现盖伦学说漏洞百出，他决心要以实践为根据，改正前人的错误，建立新的、更合理的体系。

　　1600年2月底的一天，天气阴得可怕。中午，一个爆炸性新闻在威尼斯共和国的帕多瓦大学传开了：前几天，布鲁诺竟被宗教法庭判处极刑，烧死在罗马百花广场。这个消息在帕多瓦校园中引起强烈的反响：学生们议论纷纷，学生食堂中，新教徒和旧教徒争吵不休，打起群架，甚至还有人拔剑格斗。这个消息更使22岁的威廉·哈维感到震惊。这个平常爱恶作剧，好热闹的英国学生却一反常态，没有参与同学们的争吵，而是匆匆吃完了晚饭，离开了学校。

　　夜黑沉沉的。哈维在亚德里亚海滨走着，沉思着。他个子瘦小，但很结实，生有宽厚的双肩。同学们都亲切地称他为"小哈维"。而现在，他那黑得近乎橄榄色的脸颊紧绷着，一双小而圆的眼睛注视着黑暗中的大海，心中却像涨潮的海浪一样汹涌澎湃。他甚至想喊出来：

　　"呵！什么是真理?!"哈维早就熟读布鲁诺著作，非常钦佩布鲁诺的锋利的思想和勇敢的热情，而今，布鲁诺和他的著作都已化为灰烬了……布鲁诺的殉难使哈维意识到自己在走一条同样危险的路。布鲁诺信仰并宣传日心说，触犯了地球是宇宙中心的教义，而他自己所怀疑的不正是基督教极力推崇的盖伦学说吗！可是：

　　"谁也没有达到完善的地步。

　　他以为是知道的，

　　实际上有许多地方还不知道。

　　时间、空间和经验增加了他的知识，

　　或改正他的错误，或训诲他，

　　或引导他放弃那些他过去曾经深信不疑的东西。"

　　不，不只是他，已经有许多前人指出了盖伦学说的错误：最早对盖伦学说提出异议的是天才的艺术大师达·芬奇。他一生解剖过70多具尸体，发现心脏有四个腔，而不像盖伦说的只有两个。比利时医生维萨里，为了作人体解剖实验，常常深夜溜出学校，去偷挂在绞架上犯人的尸体。经过解剖观察发现了许多与盖伦著作不符之处。1543年，哥白尼发表日心说的同时，29 岁的维萨里出版了解剖学巨著《人体的构造》。这本书大胆地纠正了盖伦著作中 200 多处错误。可是维萨里得到的却是整个社会的攻击、诽谤。最后他被迫去耶路撒冷作忏悔旅行，在返途中，船只遇难，横尸荒岛。还有塞尔维特，这位西班牙学者生性好辩、锋芒逼人。在他的《论基督教的复兴》一书中，用六页篇幅批判了盖伦的心血潮流说，提出血液由右心室流到左心室不是经过心膈上的孔，而是经过肺作"漫长而奇妙的迂回"。结果，他被教会判处火刑，刽子手们用铁链把塞尔维特牢牢地锁在火刑柱上，然后点燃湿木柴……

想到这些，哈维陷入了更深的思索：为什么无数解剖事实证明了盖伦的错误，盖伦学说依然处于正统地位？是的，仅仅告诉人们什么是错误的还不够，更主要的是告诉人们什么是对的，什么是真理，重要的不是批判，而是创造。但是现在所有医科大学仍然严格按照盖伦学说讲授，学生也只有精通了盖伦学说，才能拿到医学博士文凭……在痛苦的思索中，哈维渐渐地知道了自己该怎么做。不知什么时候涨潮的海浪浸湿了他的鞋子。清晨，哈维赶回学校，开始了紧张的工作。

哈维非常重视实践。他说："无论是教解剖学或是学解剖学，都应当以实验为根据，而不应当以书本为根据。"于是，他开始不停地对各种动物进行解剖，观察心脏的跳动、心脏的结构，他发现心膈间并无盖伦所说的那些小孔。渐渐地哈维形成了血液循环的概念，这为他日后的研究奠定了基础。

1602 年，哈维将要毕业了，著名的解剖学家法布里修斯主持了哈维的毕业答辩。在圆形的讲演厅中，法布里修斯威严地坐在讲台上，他的前面点了一排蜡烛。

"请谈谈，'生命之气'是怎样流到全身去的？"

哈维避开老师的目光，用流利的拉丁文答道："肝脏把食物变成血液后，一部分由静脉送出去，被各器官吸收；另一部分分送到右心室，通过心膈间小孔渗入左心室，在那里和来自肺的带有生命之气的血液混合，再由动脉输送到全身……"

　　哈维摆出一副忠于盖伦学说的好学生的样子，一字不差地背诵着，虽然他知道心膈间并无小孔。法布里修斯面带微笑点了点头，表示对他的回答非常满意。考试顺利地通过了。

　　回到宿舍，哈维在床边埋头解剖一条活鱼。他常常从市场上买各种活的小动物回来解剖。"小哈维，你仔细看看吧，心膈上有没有小孔？"一个同学趁机挖苦哈维。另一个法国同学凑过来说："我们的小博士恐怕有记忆障碍。前天我还听他说过塞尔维特的肺小循环有道理呢！"面对同学们的嘲笑，哈维咬紧了牙，没有听见似地继续解剖。但他心里再也不能平静下来，他暗下决心，一定要找到真理！

建立血液循环理论

　　1602 年哈维从帕多瓦大学毕业了，并获得了医学博士学位。在那张柔软的羊皮纸上写着："持此证书者，可以在任何国家、任何地方行医、讲课、任教、组织答辩、开药方……"他回到英国后，在伦敦开业行医，高超的医术以及他的正直谦和的人品使哈维很快成为一个杰出而富有的医生。1604 年，哈维成为皇家外科协会的会员。后来又娶了伊丽莎白和詹姆士一世的御医 L·布朗的女儿 E·布朗为妻，1607 年被任命为圣·巴塞洛谬医院的医师，内外科医生进修学院的解剖学教授，以及詹姆士一世和查理一世的特命医生。所有这些都为年仅 29 岁的哈维提供了舒适的生活环境。每天上午，哈维匆匆穿过又窄又弯的街道到离自己住宅不远的医院上班；下午，他在家里的私人诊所接待病人；晚上，他有时和妻子一起去看戏。平常他总爱喝上等咖啡，这在当时显得有点奢侈。但哈维的六个弟弟都是商人，一个在中东贩卖香料和饮料，每年供给他咖啡。哈维的生活真是舒适极了。

　　舒适优越的生活环境并没有使哈维疏懒于科学研究，相反地为他提供了更好的研究条件。哈维始终不忘在大学里所做的工作。他把很大一部分收入用于科学实验，买书籍、实验的小动物等等。他的家里有一间他称为"博物馆"的大房子，大书架上排放着瓶子、罐子和木桶，里面养着鱼、青蛙、鳗鱼、蝾螈。大小不一的笼子挂在天花板上，养着各种鸟。另一间更大的屋子里放有兔笼和狗窝，还有一张工作台。台上整齐地放着带刻度的容器、哈维自制的解剖工具，还有一个用猪尿泡做的注射器。哈维一有空闲就要钻到"博物馆"里，常常是通宵达旦地工作着。

　　为了了解心脏的运动，他解剖了大量各种不同类型的动物，以便比较观察。据说他所实验的动物有 80 多种。哈维曾一个钟头一个钟头地观察着动物心脏的跳动。他发现有些冷血动物，如鱼类和蛙类，当心脏收缩时，颜色变得比较淡，而舒张时颜色是深红色的。他又把心脏割破，发现心脏收缩时血液会猛烈地喷射出来，而心脏舒张时则只有极少量的血液滴沥出来。这个实验和观察使他了解到，心脏就像是一个水泵，当它收缩时，就把血液压出去，进入动脉；当它放松时，心脏又灌满了血液。

　　那么，心脏的运动和动脉的关系又是怎样呢？哈维是个医生，有着丰富的行医经验。他曾经医治过一个患肿瘤的病人，这对他的研究大有启发。病人的瘤生在颈部右边，随心脏的搏动而跳动，是一种动脉瘤。瘤正好是长在通到腋窝去的动脉上，而且一天天在长大。心脏每一次运动，瘤就显然地胀大一次。病人死后，从尸体解剖上看到，瘤与动脉和心脏的关系是非常清楚的。后来哈维又通过动物活体解剖，也看到与此完全相似的情况。例如：在左心室停止跳动时，动脉就不再有脉搏；如果右心室停止跳动，肺动脉就不再有脉搏。另外他还做了这样的实验，如果把一根动脉刺破，那么当左心室收缩时，血液就会有力地从伤口涌出；如果把肺动脉刺破，那么当右心室收缩时，血液就会从肺动脉的伤口猛烈涌出。以上事实很清楚地表明，脉搏就是由于心脏收缩时把血液压进动脉管，使动脉管胀大所形成的。哈维又做了这样的实验，他用绳子结扎住动脉管，于是他发现，在结扎的上方，也就是离心脏近的一方的动脉就胀大起来，而且每一次心跳就有一次脉搏。相反，在结扎的下方，也就是离心脏远的那方的动脉就瘪下去，没有血液了，而且也没有脉搏。这时如果把上边的动脉割开，血液就会猛烈涌出；而切开下方动脉，就简直没有血液流出。于是他得到结论，动脉的血是从心脏出来的。

那么从心脏出来的血通过动脉是不是会被身体吸收了呢？夜深了。蜡烛在桌子上闪着光，哈维在空空的大屋子里走着，一只手来回抚摸悬挂在腰间的长剑的剑柄，不时坐下来在羊皮纸上飞快地计算着。据测量，左心室的容血量约为 57 克。因心室有瓣，左心室收缩后排出的血不能倒流。而心脏每分钟大约要跳 72 次。这样，一小时内心脏要排出多少血呢？57 克×72 次×60 秒＝246 千克，相当于正常人体重的三倍！如果盖伦的心血潮流运动说是对的，血液排出后就被各器官吸收，那么，肝脏在一小时内就必须造出三倍于体重的血，一天要造 70 倍于体重的血！哈维由此得出结论说：“其数量之大决不是消化的营养所能供给的。”哈维用一个很简单的实验，加强了他的结论。他把牛的颈动脉切开，开始时血流很猛，但很快就变得越来越慢，不到半小时牛就会因失血过多而死亡。既然身体不可能在短时间内造那么多血，那么，心脏从什么地方得到源源不绝的血液呢？血液流出后又到什么地方去了呢？

循环！早在帕多瓦读书时，哈维就具备了循环的哲学思想，血液不可能在动静脉中互不联系孤立地流下去，而是在动静脉之间形成一个环流。心脏的血液从主动脉出来之后，又从腔静脉回来。循环的概念在盖伦那个时代是不可能有的，那时人们普遍认为完美的圆周运动只属于天界，地上只存在有起点和终点的直线运动。所以，盖伦学说里，血液产生于肝、消失于全身的理论，被认为是合情合理，天经地义！但是随着文艺复兴的开始，人们认识的深度不断增加，许多科学家证明了地上也有圆周运动。哥白尼的日心说不就说明地球本身围绕太阳作圆周运动吗？伟大的哥伦布、麦哲伦的航行不也是循环运动吗？在这些事情的启发下，哈维认为地上同样有循环，"潮湿的土地被太阳晒热时水分就蒸发，水蒸气上升，下降为雨，再来润湿土地。一代代的生物就是这样产生的，暴风雨和流星也是这样由太阳的循环运动引起的。因此，通过血液的流动，循环运动在体内进行着，这是完全可能的。"

为了证明血液的循环运动，哈维不停地对动物做着实验。他将一条活蛇固定在木板上，将肌肉分开，露出蛇的心脏。鲜红的管型心脏在有节律地跳动着。根据血液循环思想，静脉的血流回心脏，那么只要扎住与心脏相连的静脉，血液不能流回心脏，心脏就应该变空变小；相反，如果扎住动脉，心脏就会因排不出血而胀大。哈维用小镊子紧紧夹住静脉，蛇心马上变小变白了。一松开镊子，心脏又立即充血。再用镊子夹住动脉，心脏就胀大变紫，似乎倾刻就要爆裂，蛇身抽动着。哈维松开镊子，兴奋地抹去额头的汗珠，再也没有比这简单的实验更有力地证明血液是循环运动的了。但是血液为什么能在体内循环？血液又是怎样循环的？哈维不断地对这些问题进行研究，终于证明了"在动物体内，血液被驱动着进行不停的循环运动。这正是心脏通过脉搏所执行的功能。"而静脉瓣膜的作用是控制血液流动的方向，使血液定向地回流到心脏。但是由于显微镜尚未发明，哈维当时也就无法解决动脉血是如何流到静脉中去的问题。他认为血是通过肌肉中的细孔流过去的。

新学说的影响

经过多年的辛勤工作和刻苦努力，哈维终于发现了血液在体内的循环运动，这个崭新的理论足可以替代早已漏洞百出的盖伦学说。1615年，哈维应聘为医学院解剖学外科讲座的终身教授，他决心把自己多年来的研究成果公诸于众。他把自己精心解剖出来的心血系统、神经系统的标本分别放在讲台下面的六块木板上。哈维站在讲台上，用流利的拉丁语讲授着自己的研究成果，这是第一次以不同于传统的盖伦学说来讲授人体的结构，血液的运动。但是哈维并没有看到他所期待的反响，他失望地离开了教室，在阴冷的街道上徘徊了很久……又一头扎进实验室。

1628年，也就是在哈维公开演讲血液循环说的13年以后，一封来信改变了这种局面，它使血液循环论及其创建者威廉·哈维成为人们瞩目的中心。这封信是德国出版商菲茨写来的，他在信中说："我们不要失去一个让全欧洲都知道您的思想的机会。"这位出版商决定支付出版的一切费用来广泛宣传血液循环论。

哈维最重要的著作《论动物心脏和血液运动的解剖学专题论文》（简称《心血运动论》）很快就在法兰克福印行出版了。在这本书中，哈维写道："以下要说的乃是前所未闻的新鲜事物，我不仅怕少数人的猜忌对我不利，而且怕全体人类要和我作对，因为人人都会被成为人的第二天性的习惯、经过传播而深入人心的学说以及尊古心理的影响所支配。但我意已决，把一切付托于爱真理的热忱和思想开通者的同情。"

这本专著分为十七章，哈维在书中总结了他的学术思想："一切推理和实证都表明血液是由于心室的跳动而穿过肺脏和心脏的，由心脏送出分布全身，流到动脉和肌肉的细孔，然后通过静脉由外围各方流向中心，由较小的静脉流向较大的静脉，最后流入右心耳。由动脉和静脉流出流进的血液量，绝不是消化的营养物质所能供给的，也比专供营养用的血液量大得多。因此，有绝对的必要作出结论：动物的血液是被压入循环而且是不断流动着的，这是心脏借跳动来完成的动作和机能，也是心脏的动作和收缩的唯一结果。"

像哥白尼的日心说一样，血液循环论一出现便招致风暴似的反对。首先反对哈维的是巴黎医学院院长里奥兰，他说人们不应认为盖伦学说有错误。即使解剖的结果和盖伦所说有些不同，也要认为盖伦在当时是正确的，只是因为自然界在他以后发生了改变。威尼斯有个学者叫巴里撒纳斯，硬说肺静脉里流的是空气，而不是血。哈维反问他，为什么肺静脉的结构像静脉血管而不像气管？对方强词夺理道："事物就是这个样子，因为造物主要它们这样。"著名的爱丁堡大学教授普利姆罗兹则嘲笑哈维学说无用，他挖苦地说："以前的医生也不知道血液循环，但也会看病。"另一个保守的巴黎大学法国医生帕丁则诬蔑哈维的理论是"自相矛盾、毫无用处、违背事实、绝不可能、荒谬可笑和极其有害的"。而当时伟大的哲人弗兰西斯·培根也认为那是无稽之谈。哈维的学说影响非常深刻和广泛，医生、大学教授、学者、哲学家都有人反对他，甚至在莫里哀的剧本和法国诗人布阿罗的作品中，都出现了反对血液循环的保守者形象。由于许多著名人士反对血液循环论，也使哈维的业务受到损失，他的病人急剧地减少了，患者们认为精神失常的医生是不可信任的。哈维甚至被人们讥讽为"循环的人"，这一绰号并不是由于他相信血液循环理论，circulate 在拉丁文里是一个贬义词，指的是那些在大街上卖药的行商，以此来辱骂哈维是江湖医生。一种新理论的出现必然招致旧理论拥护者的敌视，就像日心说一样，血液循环论引起了一场新的思想革命，只不过因哈维又继任了查理一世的御医，受国王的保护，才没有受到人身的摧残。

但是，这一切都无损于哈维的伟大发现，哈维仍顽强地宣传他的学说。当时坚决反对经院哲学的学者如笛卡尔等坚决捍卫哈维的科学观点。托马斯·布朗推崇哈维的功绩，说他的这项发现比哥伦布发现美洲大陆的功劳还要大。实践是检验真理的唯一标准。后来人们的实践完全证明而且发展了哈维所发现的真理。所以，不到三五十年的时间，哈维的发现就得到了普遍的承认。血液循环的知识很快就被应用于解释临床上的许多现象，如为什么被蛇或患有狂犬病的动物在一处咬过以后，毒素或感染会影响到全身，以及解释外敷药能够被吸收并且散布开来的这种现象。年轻的科学家们更容易接受新鲜事物，他们应用血液循环理论，从中得到启发，通过静脉注射使药物分布到全身，达到治疗的目的。输血也很快就得到了发展，但由于对血型毫无所知，输血有时会造成死亡。血液循环论逐渐被人们接受，并得到具体的应用，从此，在世界各大学的讲台上，盖伦主观臆断的谬论被淘汰了，取代它的是哈维发现的血液循环理论。

血液循环论的最后完善

哈维最后终于实现了他年轻时的理想，建立了此盖伦学说更合理、更完美的血液循环论。

当然，哈维留给人们的不仅仅是一个理论，更重要的是他的思想。在哈维工作的基础上，许多科学家继续对血液的循环进行研究。1660年，马尔比基，这位动物和植物材料显微技术的创始人，在研究狗的肺时，发现肺是由充满了空气的膜状小泡组成的，但是气囊同最细微的血管之间的关系仍不清楚。当他转向研究蛙的肺时，发现血液并不是从它自己的管道中漏出来进入空隙中的，而是通过一种很细微的管子也就是毛细血管从动脉进入静脉。当心脏不停地搏动时，可以看到血液从毛细血管中流过。1688年，荷兰科学家列文虎克用他自制的显微镜观察蝌蚪的尾巴，也看到了"血液像小河流般循环流往各处"。他宣布："所谓动脉和静脉，实际上是连在一起的"。至此，血液循环论中的最后的疑点也被清除了。

哈维的血液循环论，不仅仅是一个科学发现的记录，而且是近代生物学起步的关键。我们在明了血液循环理论之后，就知道血液怎样输送养料到身体各部分的组织和细胞，以及怎样输出原生质消化的废物，这是生理学上重要的基本现象和过程。不但如此，生理学者可以由这一概念观察组织、细胞的种种活动和分析生命现象，如呼吸作用、腺体分泌、组织和细胞的化学变化以及其他一切身体活动都与血液循环有关系，可以说哈维的血液循环论堪与牛顿的引力论、爱因斯坦的相对论相媲美，是生物学史上一个重要的里程碑。正是由于哈维"发现了血液循环而把生理学（人体生理学和动物生理学）确立为科学。"

哈维成就的重要意义，在于他采取了新的科学方法。他不迷信"权威"，而是依靠自己的观察；不是潜心钻在故纸堆里，而是现实地考察自然界。正是由这一点出发，才产生了今天伟大的生命科学。哈维开拓了研究人体生理学中的循环系统后，当时就有许多科学家，尤其是医生，沿着他的路线进行研究。如意大利科学家阿西黎发现了乳糜管。后来人们对乳糜管作了更精细的研究，发现了一个新的血管系统，即胸管是淋巴管系统的一部分。丹麦解剖学家巴多林和瑞典解剖学家鲁德伯克则按照血液循环的理论，各自独立地发现了淋巴管系，他们发现这些腺管是和血管系统相连接，分布到人的全身的。

另一贡献

血液循环理论无疑是哈维一生中最重要的发现。但由于他对生理学所做的巨大贡献，人们常常忽略了他在胚胎学研究上所取得的成就。

1651 年，哈维发表了《动物发生论》一书，推动了胚胎学的发展。

自亚里士多德的时代以来，胚胎一直被认为是来自母体的"质料"和来自父体的"形式"的结合体。这种"形式"交媾后立即从父体"突然排出"进入子宫。母体的血液养育了胚胎，而且提供了怀孕期间胚胎生长所需要的其他物质。正如在研究心脏和血液时一样，哈维怀着对亚里士多德和古代哲学的崇敬而开始工作。他把亚里士多德看作自己的导师，并且谦虚地说自己的工作不过是跟着那些"已经为这个问题带来光明的人的足迹前进的"。由于哈维是国王查理一世的御医，并且两人关系很好，哈维经常可以从皇家花园里得到孵育中的鸡蛋和鹿。通过对鸡的胚胎研究，他发现鸡胚发生的位置是卵内透明白点处，从而纠正了亚里士多德等前人观察的错误。哈维通过观察和研究，正确地解释了由卵黄发育长成鸡雏的原因和过程，并提出了"一切生物从卵生"这一著名的观点，就是说所有动物的胚胎，无论卵生或胎生，都由卵而来。但是由于当时显微镜还没有应用于胚胎学，哈维不能观察到微小的卵细胞，他所认为的卵，其实是一团没有分化的物质。它不仅包括像鸟类的卵，而且包括像昆虫的幼虫和蛹，及想象中称之为"原基"的东西，借"原基"的作用产生胚胎从而发育成人。

哈维将他对鸡胚的观察和结论都记录下来，但他对这件事并不在意。他把这些记录放在箱子里，已经发了霉。有一次，恩特博士看见了这部手稿，就催他发表这本书。哈维却对他说："好的！随你的便罢！这是与我无关的。"

但是什么事又和他有关呢？哈维的晚年是痛苦而凄凉的。妻子早逝，又没有子女，痛风病的折磨使他的健康状况日益衰退，他曾自己选用特殊的药物治疗，但对病情却是有害无益。1657 年，已经 79 岁的哈维白发苍苍，他常常坐在窗前，望着远方，回想着过去。他想起剑桥大学凯厄斯学院东北部的河谷，还有美丽的石楠丛；在帕多瓦大学经常漫步的海边，和清澄的咸水湖畔；回想起与温柔贤惠的妻子共进晚餐，还有一些不堪回首的往事，革命党攻占伦敦，处死了查理一世……而自己到了晚年却是孤苦一人。哎，哈维失望地叹息着："国家布满了风浪，而我是风浪中一只颠簸的小船。"6月3日，哈维终于因中风躺倒了，与世长辞了。他用自己的钱建造了两所房子：一所是图书馆，一所是礼堂。两所房子都捐赠给皇家医学院，而皇家医学院则在校园里为这位献身于科学的伟人铸造了一座铜像，表示对他的永久的纪念。

（汪子春　赵云鲜）

杰出的博物学家林奈

卡尔·林奈生于 1707 年，瑞典人，是一位杰出的博物学家。他一生勤劳、刻苦钻研的精神和他在生物学上的突出贡献，是人们永远不会忘记的。

勤劳的一生

林奈出身于农民家庭，从小喜爱大自然，对植物特别有兴趣。他的

父亲叫 N·林奈，原是一位乡村牧羊人，后来成为一位牧师。他爱好园艺，除了牧羊外，还栽花养蜂，精心管理花园里的花草树木。4 岁的林奈就从父亲那里听到许多关于动植物的趣闻，他还常常提出问题请父亲回答，渐渐地便认识了许多植物。小林奈为了观察植物的生长，常常从野外采回各种野生植物并将它们种植在养蜂园的实验地里。没有多久，养蜂园便长满了各种植物，人们称它为"卡尔花园"。林奈后来回忆说，这花园激起了他对植物的不可抑制的热爱。幼时的爱好和兴趣，为他后来的事业奠定了基础。

林奈的父母原都希望他能成为一个牧师，但林奈对此一点儿兴趣也没有。他一心扑在植物上，上学以后经常到野外采集植物，只要有机会就钻到树林里去观察和采集植物。在学校里，他自立了一个植物学书籍的小图书馆，经常一人在里面读书，老师和同学都称他是"小植物学家"。1726 年，林奈上中学三年级时，父亲要林奈退学改学手艺，希望他能学会一些技术，也好挣饭吃。正当这时，林奈遇见了物理教师罗司曼。罗司曼还是当地一位有声望的医生。他注意到了林奈勤奋好学的精神和对植物的特别喜好，他向林奈的父亲提出，他要亲自教林奈医学和植物学知识。在罗司曼的指导下，林奈不仅获得了许多生理学知识，而且学会了研究植物的正确方法。罗司曼的藏书强烈地吸引着林奈，他如饥似渴地读着植物学书籍。其中有一本书使林奈爱不释手，那是 1700 年出版的法国植物学家杜恩福写的《植物学大要》。杜恩福在这本书里谈到了各种植物花的区别，他还以花为基础建立了他的植物分类系统。林奈平时收集植物标本，积累了许多经验，现在读这本书，印象非常深刻。他对照书籍，将自己收集到的每一种植物一一放到杜恩福分类系统的适当位置上。罗司曼还极力鼓励林奈上大学去深造。

1727 年，林奈中学毕业升入龙德城的大学，植物仍是他钻研的课程。为采集标本，他真是历尽千辛万苦。有一次在采集一种植物时，手臂被毒蛇咬伤，几乎送了命，但林奈从未因困难和危险而退缩。

后来，林奈又转入乌帕沙拉大学。家庭的贫困给他带来很大的压力，但这也没有丝毫减低他研究植物的热情。乌帕沙拉大学植物园中的教授和工作人员，常常见一个青年往来于树木花草之间观察记录，他就是林奈。

林奈学习刻苦，他看过的书很多，后来他还将他所看到的有关植物学方面的文献编了一部《植物学文献录》，出版于 1736 年。林奈从这些文献中，汲取了许多知识。他善于理论联系实际，善于从前人的实践中汲取有益的经验。1729 年，法国植物学家维拉（S. Vaillant）所著《花草的结构》一书中对植物花上的雄蕊和雌蕊的描述，特别引起了林奈的注意。在这本书的启发下，他又进行了大量的调查，结果发现各种植物花的雄蕊或雌蕊的数目和排列方式都是一定的，林奈对此留下了深刻的印象。这样的学习，帮助他后来建立植物的性系统。后来，他写了一篇论文请学校的植物学家、医学家路德白克（O. Rudbeek）教授审阅。路德白克对林奈的独特的分类思想非常赞赏，并向学校推荐林奈替代他在植物园讲授植物学。林奈的讲学，以他渊博的知识和精辟的见解，受到学生们的热烈欢迎。

野外调查和采集是一件辛苦的工作，但它却是研究植物的一个重要步骤。林奈不畏苦累，一有机会就力争去做这种工作。那是 1732 年，林奈接受了瑞典科学院的资助，到瑞典北部一个偏僻的拉帕兰地区考察和采集植物标本。他独自一人骑马前去，花了五个月的时间，克服了重重困难，终于圆满地完成了这次调查任务。这次调查使他获得了许多特别的经验，还发现了一百多种新植物。回来后，他写了一部书叫《拉帕兰植物志》（1737 年），简明扼要地介绍了这个地区的植物，受到了植物学家们的赞扬。科学院为表彰他的功劳，除了给以物质奖励外，还特地将当地所产忍冬科植物的一个属以林奈的名字命名，即林奈木属—Linnaea，其中林奈木 Linnaea borealisL. 在中国北部也有分布。

1735 年，林奈出国到英国和欧洲大陆一些国家去旅行。短短数年，他在调查研究植物的同时，写下了许多著作。林奈的许多重要著作都是在这期间出版的。1738 年，林奈结束了旅游考察回到了瑞典，定居于斯德哥尔摩。1739 年，林奈荣任斯德哥尔摩科学院第一任主席。1741 年，林奈返回乌帕沙拉母校任教，在大学里他不仅担任了繁重的教学工作，而且致力于紧张的著书和研究工作。他把星期日也安排上，作为他的研究工作时间，林奈的一生是勤劳的一生。

丰硕的果实

林奈竭尽毕生精力，辛勤地从事动植物尤其是植物的分类研究，硕果累累。林奈一生所收集的植物标本多达 14000 号，动物标本也不少，仅贝类就有 7000 号。他的科学著作仅流传下来的就有 180 多种。其中《自然系统》（1735）、《植物属志》（1737）和《植物种志》（1753）是植物学史上划时代的著作，是他一生勤劳智慧的结晶。其他如《植物纲志》（1738）、《植物学评论》（1737）、《植物学基础》（1735）、《瑞典动物志》和《瑞典植物志》（1746）等都是生物学史上的重要文献。

1735 年，年仅 28 岁的林奈带着《自然系统》的文稿来到荷兰。文稿立刻受到植物学家们的注意，并且在当年就发表了。虽然初版的《自然系统》仅 12 页，但已在生物学上产生了重要的影响，被认为是分类学上的一颗明星。《自然系统》后来被不断修订、补充再版，到 1768 年第 12 版时，已成为具有 1327 页的巨著了。

在林奈生活的那个时代，人们不仅在欧洲发现了很多新植物，而且还从世界各地采来了大量的过去人们所不知道的植物。由于当时人们被迅速增加的植物压得喘不过气来，因此急需把这些植物排列在一个分类系统里面去。林奈研究的性系统在这种形势下诞生了，它受到当时分类学家的普遍欢迎。林奈早就认为植物的生殖器官——雄蕊和雌蕊在植物生活中具有重要的意义，因此他便决定主要根据雄蕊的数目和排列方式来建立他的植物分类系统。他规定以植物雄蕊的数目决定某种植物应属于哪个纲，而以雌蕊的数目决定它应属于哪个目；他又以植物的花果特征决定它的属，以叶的特征区别它的种。林奈的目的是要把所有的植物纳入一个简要明了的系统。结果他把所有的植物分为 24 纲。

(1) Monandria ……………………………………………………… 单雄蕊纲

(2) Diandria ………………………………………………………… 双雄蕊纲

(3) Triandria ………………………………………………………… 三雄蕊纲

(4) Tetrandria ……………………………………………………… 四雄蕊纲

(5) Pentandria ……………………………………………………… 五雄蕊纲

(6) Hexandria ……………………………………………………… 六雄蕊纲

(7) Heptandria ……………………………………………………… 七雄蕊纲

(8) Octandria ……………………………………………………… 八雄蕊纲

(9) Enneandria ……………………………………………………… 九雄蕊纲

(10) Decandria ……………………………………………………… 十雄蕊纲

(11) Dodecandria …………………………………………………… 十二雄蕊纲

(12) Icosandria ……………………………………………………… 二十雄蕊纲

(13) Polyandria ……………………………………………………… 多雄蕊纲

(14) Didynamia ……………………………………………………… 二强雄蕊纲

(15) Tetradynamia …………………………………………………… 四强雄蕊纲

(16) Monadelphia …………………………………………………… 单体雄蕊纲

(17) Diadelphia ……………………………………………………… 双体雄蕊纲

(18) Polyadelphia …………………………………………………… 多体雄蕊纲

(19) Syngeneaia ……………………………………………………… 连药纲

(20) Gynandria ……………………………………………………… 雌雄合生纲

(21) Monoecia ………………………………………………………… 雌雄同株纲

(22) Dioecia …………………………………………………………… 雌雄异株纲

(23) Polygamia ……………………………………………………… 异花同株纲

(24) Cryptogamia …………………………………………………… 隐花植物纲

林奈二十四纲

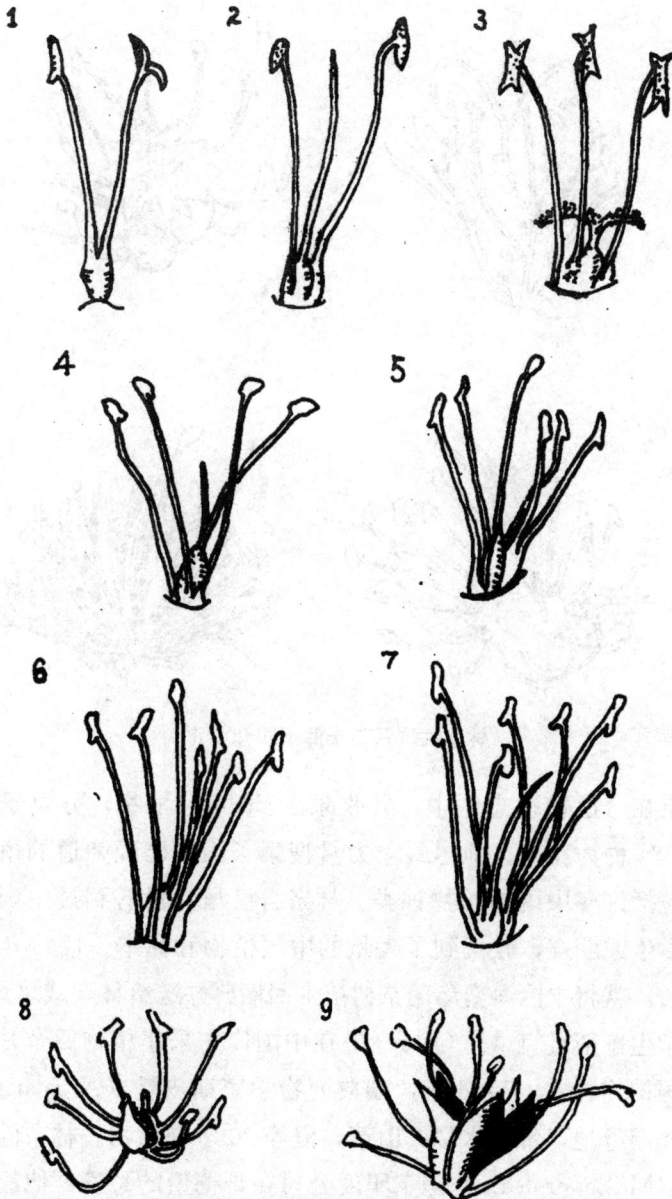

林奈性体系二十四纲图介（Ⅰ）

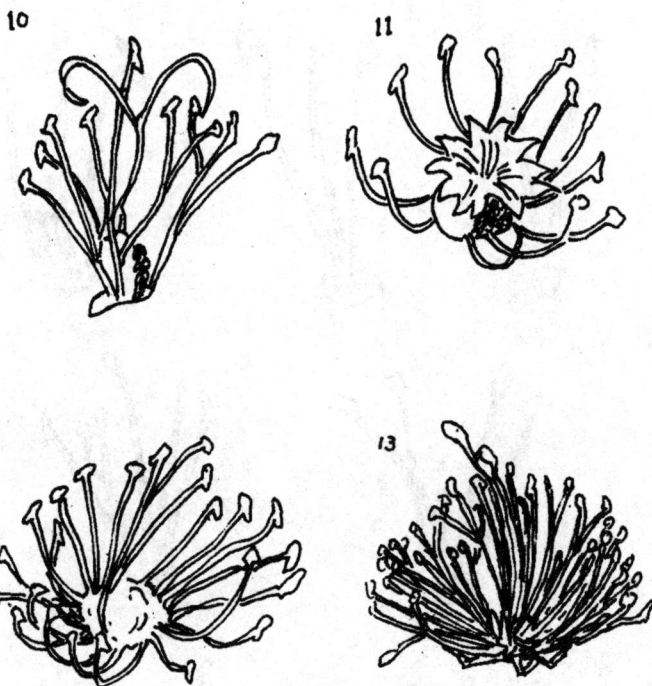

林奈性体系二十四纲图介（Ⅱ）

　　林奈在《植物种志》中，共收录了 5938 种植物，分隶于 1098 属，其中有 285 种为新种。他尽最大力量搜集了当时已经知道的植物种，这当中也包括许多中国的植物种类。林奈自己虽然没有到过中国，但他通过他的学生或朋友，收集到了大量的中国植物和标本。1743 年，有一位瑞典船长，就将中国海南岛的茶树苗带回瑞典并送给林奈栽培。1751 年，林奈的学生奥斯贝克（P. Osbeck）在中国广东采集植物四个月，带回了大量中国植物标本。1766 年，瑞典博物学家斯皮曼（A. Sparrmann）从广东和澳门等地，带回水稻、山茶、橙等 20 多种植物。林奈的朋友拉格斯屈姆（M. Lagerstorm）是东印度公司在哥德堡的总管，他经常将中国和印度的一些植物引入乌普沙拉植物园，并将紫薇等数种美丽的植物送

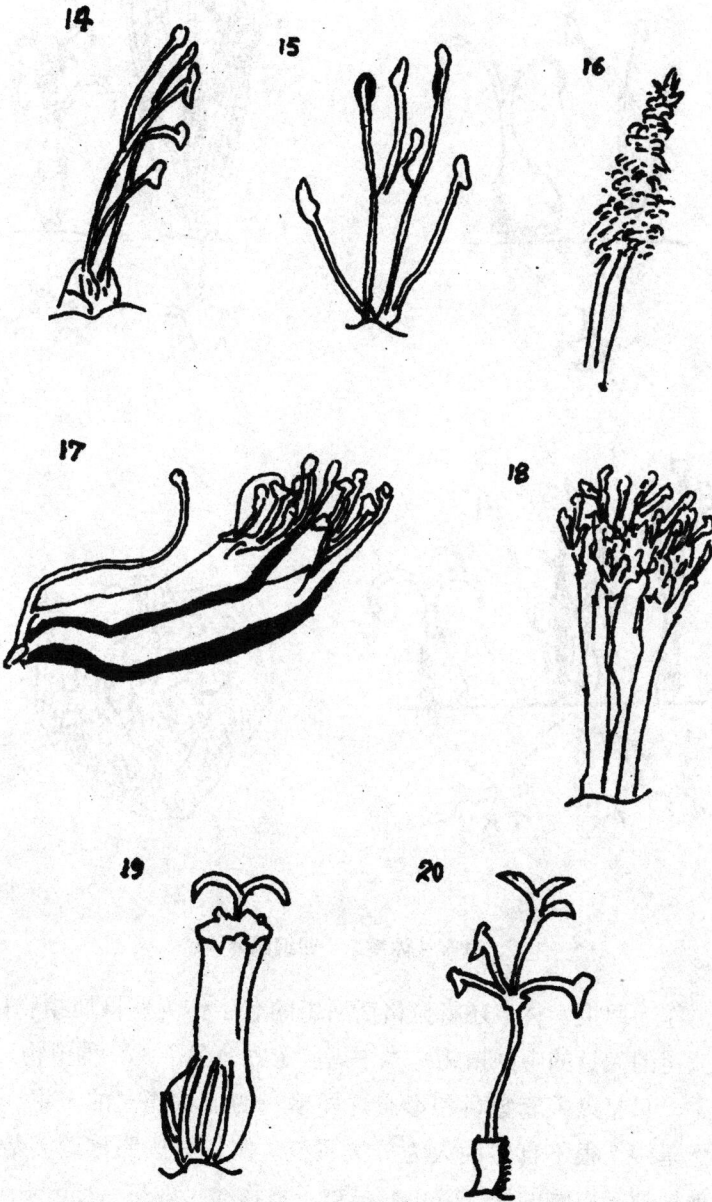

林奈性体系二十四纲图介（Ⅲ）

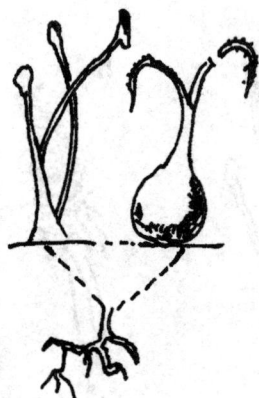

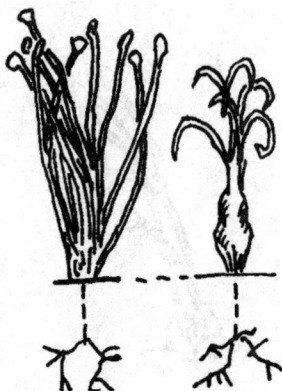

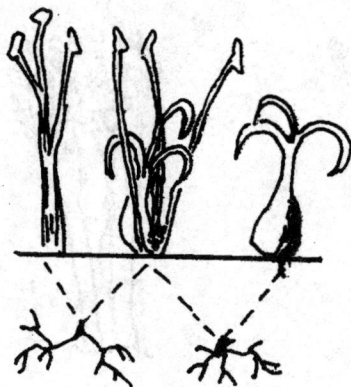

23   24

林奈性体系二十四纲图介（Ⅳ）

给林奈。作为回报，林奈还将拉格斯屈姆的名字作为紫薇属植物的属名。林奈从获得的大量的中国植物标本中，鉴定并命名了170种植物。

但是，只是以雄蕊数目和形态这样单一的征状建立的"纲"的性系统，显然是一个很不自然的人为分类系统。例如只按照雄蕊多数的单一征状，他把裸子植物的松（linus）与被子植物的大戟科（Euphorbiaceac）排在同一目里。而这个系统，在当时为以后除了采集描述新植物，十分容易地看一眼雌雄蕊，再把它们安放到林奈的系统里的适当位置上去之外，已无事可做了。因此，这个系统的出现，曾一度使植物分类学停滞，而林奈本人却不认为这个系统已达到了顶点，只是一种暂时的方便。他决心在自己的余生中，继续研究出一个按植物真正亲缘关系来排列的自然系统来。这个理想，他虽未实现，但在他 1751 年发表的《植物学理论》中，提出了许多目（科）的自然类群，展示了一些大类群的亲缘关系，为以后的植物学者建立自然分类系统提供了基础。

在《自然系统》一书中，林奈不仅把他的分类方法应用于植物界，而且扩大应用于动物界。他根据动物的心脏、呼吸、生殖、感觉以及皮肤等组织器官的特征，把整个动物界分为如下所述的 6 个纲：

心脏有二心室、二心耳，血温，血红色

胎生　　　　　哺乳类（Mamalia）

卵生　　　　　鸟类（Aves）

心脏有二心室、一心耳，血冷，血红色

肺呼吸　　　　两栖类（Amphibia）

鳃呼吸　　　　鱼　类（Pisces）

心脏有一心室、无心耳，血冷，血白色

有触角　　　　昆虫类（Insecta）

有触手　　　　蠕虫类（Vermes）

林奈是用拉丁文描述动物特征的，只以简要的文字说明动物的性状。直到 20 世纪初，前辈的动物分类学家还深受林奈的影响，用拉丁文描述动物的新属新种。林奈还鉴定和命名了许多中国的动物。例如：虎（*celis tigris* Linn）、金钱豹（*celis pardus* Linn.）、白眉鸭（*Anas querquedula* Linn.）、鸳鸯（*Aix galericulata* Linn.）、鲤（*Cyprinus carpio* Linn.）、鲻（Mugil cephalus Linn.）、鲯鳅（*Coryphaena hippurus* Linn.）、金翅蝶（*Troides helena* Linn.）、飞蝗（*Locusta migratoria* Linn）等等。

　　林奈首先将人体结构和动物体（类人猿）进行比较研究，他发现两者有着惊人的相似。他在论文中这样写道："充满着全世界水陆两半球的万物中，再没有什么东西像猿类那样和人类相似了。猿的面部、手、脚、肩、胫以及大部分的内部都和我们相似；猿类的性格及其心肌与滑稽的奥妙以及对于其他事物的适应，即适应于时代趣味的倾向，都和我们是如此相像，在人类与其模仿者的猿类之间几乎找不出任何自然方面的差别。"又说："……野兽中丑恶的猿和我们多么相像啊！"

　　在《自然系统》一书中，林奈根据人类和猿类的相似，第一次勇敢地将人类、猿类、半猿类一起归到哺乳纲的首端，明确指出人类在动物界中的位置。这是林奈在科学上的一个重要的贡献。

　　林奈对生物科学的最大贡献，莫过于他创立了对生物种命名的"双名制"。在这以前，对动植物的命名，普遍采用一长串字的"多名制"。这与其说是一种动植物的名称，不如说是该种动植物的特征的诊断描述。随着发现动植物种类的增多，这种"多名命名制"显得既太累赘，又不便记忆和利用。于是，当时出现了像鲍兴、菩安等人对一些植物采用二名命名了。但林奈却是首先把它用于整个植物界中的人。

　　"双名制"命名植物，就是对每一种植物的名称都以统一的拉丁文同时标出它的属名和种差（即区别其他种的差别）。属名在前，它是一个名词，种差（或种加词）在后，它是一个形容词（或是一个名词的所有格），可以是植物性状，也可以是植物的产地或人名。例如，桃、李、梅、杏之间有许多相似特征属于同一梅属植物（*Prunus*），但它们又有许多差异，是不同种的植物，所以桃的学名是 *Prunus persica*；李叫 *Prunus salicina*；梅叫 *Prunus mime*；杏叫 *Prunus armeniaca*。新发现未定名的植物，都可以按照这个方法给以定名，并把定名者的姓名写在植物学名的后面，以示负责。林奈就用这样的方法，大约给 6000 种植物和 4000 种动物规定了名称，这确实是一个不朽的成就。《国际植物命名法规》还规定，林奈 1753 年的《植物种志》作为现代植物学命名的起点。

深远的影响

生物的分类鉴定是研究生物的基础。在林奈之前，人们已积累了大量材料，并对它们进行了分类描述，但各人一套，各国各民族语言文字又不同，往往出现一物多名或多物一名的现象，造成了物种的名实混乱，加上对物种采用"多名制"命名，这就严重阻碍了生物学的发展。林奈把所有的动植物纳入一个统一的分类系统中，用最简洁的文字描述各种生物的最重要特征。他采用的"双名制"结束了生物命名的混乱状况，有力地促进了生物学的进一步发展，开创了生物学的新纪元。"双名制"使用方便，直到今天仍为全世界生物学家所共同遵守。

林奈还是一位杰出的教师，他常和学生们一起去各地做科学调查。他在实践中教学生采集、收藏标本，组织科学考察活动，建立植物园。丰富的实际经验，又善于循循善诱，因此，林奈的讲课是非常精彩动人的。据说乌布沙拉大学的科学班原来只有学生 500 多人，林奈任教以后，学生人数猛增三倍。他的学生遍布世界许多国家，这对当时生物学知识的进一步积累和发展，都有很大的影响。

由于林奈的贡献，动、植物学体系近似完成。林奈在生物学上所取得的成就，从一个方面反映了十七八世纪自然科学的巨大进步。

林奈原是特创论的信徒，他相信上帝创造的物种是永远不会变化的："当初创造了多少物种，就有多少物种"。他的《自然系统》仅仅依照单一的征状，便把植物分为彼此互不相关、界线分明的类群，所以带有明显的人为性，它不能正确反映生物发展的亲缘关系。

科学是不崇拜任何偶像的。实践是检验真理的唯一标准。在大量的事实面前，林奈的思想也渐渐地在发生变化。他后来实际上承认了变种的存在。他在《植物哲学》中说："变种是为气候、土壤、炎热和风力等偶然原因所改变的植物。"他还认为,一个属的所有的种最初仅构成一个物种,后来可能是通过形成杂种的方法,而繁殖为属的。在1768年最后一版《自然系统》中,林奈删去了"种不会变"这一项。可见在实践过程中,林奈也不断地在修正自己的看法。

随着人们实践的深入和发展,生物变化发展的规律越来越为人们所认识,从而也越来越感到林奈的分类系统中没有"科"这一级是十分不便的。后来人们也进一步认识到"科"在分类上是联系"属"和"目"的重要枢纽,因此又把"科"引入自然分类系统中。当然,随着科学的发展,人们对生物的分类方法,还在不断地改进。达尔文进化论和现代分子生物学的出现,已大大促进了生物分类学的发展。

虽然这样,林奈一生勤劳刻苦钻研的精神,仍是值得我们学习的。他对生物学的重要贡献也是不可磨灭的。1753年,瑞典国王特赐给林奈北极星爵士之衔。他是科学界第一个受此殊荣的人。他的手稿、收集的动植物标本至今保存于伦敦伯林顿大学林奈学会。

（汪子春）

博物学家拉马克

不平凡的一生

拉马克于 1744 年 8 月 1 日出生于法国北部毕伽省的巴桑·丹·勒·波蒂。当时他家是一个小贵族家庭。他是这个家庭的第 11 个孩子，幼时聪明、活泼好动，父母希望他将来成为一名牧师，于是，把他送到亚眠城一家耶稣教教会学校读书。拉马克很用功、成绩优良。1760 年父亲病逝。1761 年拉马克在这所教会学校毕业。同年 7 月参军，进入法国军队。在凡灵豪森战役中，他表现很勇敢，被任命为士官。他精明能干，很受上司的赏识，很快就被破格提升为上尉。1763 年战争结束，拉马克在土伦和摩纳哥服役。

拉马克热爱大自然，假日他总是喜欢到郊外去观察植物，采集、制作植物标本，通过这些活动，逐渐积累了丰富的植物学知识，对研究植物的兴趣越来越高。

拉马克在服役期间，因患颈淋巴腺炎，身体虚弱，青年军官拉马克不得不退役，返回巴黎求医，经名医治疗，不久痊愈。拉马克由摩纳哥带回一种当地有名的植物——*Chomel*。他对此植物的形态、结构以及生活习性等方面进行了研究，遂写了《论 *Chomel*》一本小册子。

在巴黎，拉马克决定学习医学，但由于所得给养金太微薄，只有 400 利佛，因此，他必须先积蓄资金，于是到一家银行任职员。这期间，拉

马克曾想去学音乐，被哥哥阻止。1772 年，他考入巴黎高等医科学校，学习医学，并常去植物园听植物课，对研究植物的兴趣越来越浓厚，经常去采集植物标本。他在这所高等医科学校学习了四年，但没有通过毕业考试。这时，他索性全身心地转向植物学研究。他认识了自然研究家布丰、植物学家贝尔纳德·朱西厄以及哲学家卢梭。拉马克常和这些学者采集植物标本，进行植物分类方面的探讨与研究。他对许多植物的习性、形态、结构进行认真的观察，对大量的标本进行分析、研究。经过几年的艰苦工作，终于创造出一种名为二叉分支（分析）法的植物分类方法，并第一次在 1778 年出版他所著的三卷本《法国植物志》中完全运用了这种方法。这部书是布丰倡议由国家出钱印刷出版的，当时震惊了法国植物学界，拉马克很快出了名。第二年，他就被聘为法国科学院植物分部的研究员，又被任命为法国皇家植物学会委员，他与法国植物园的关系就更密切了。1781 年，他与布丰的儿子一起游历了荷兰、德国、奥地利和匈牙利，参观了各国的植物园、植物博物馆，采集了许多植物标本，并与植物学家们进行了广泛的学术交流活动。拉马克的学术水平有了很大提高。

1782 年起他着手编写一部植物学词典。这部词典是达朗贝和狄德罗编辑的《法兰西百科全书》的一部分。他还创作了一部内容丰富的《植物学图志》，于 1791 年出版，这是他的第三部名著，这部著作进一步提高了他作为植物学家的名气。这期间，拉马克被聘为法国皇家植物园的管理员，年薪 1000 利佛。对这位杰出的植物学家来说，这的确是一个相当合适的岗位，这里有种类繁多的植物，尤其还有一些世界珍贵稀有植物，为他的科学研究工作提供了良好的材料和环境。1790 年，拉马克被任命为皇家植物园监督。在任职期间，他向国务议会提出改组植物园为自然科学博物馆的计划。国务议会对此计划非常重视，1793 年 2 月 6 日，国务议会受拉马克的请求，将"计划"交教育委员会及财政委员会审查。

拉马克这一改造植物园的宏伟计划得到在场全体官员的赞赏，给予很高的评价，认为这是一个了不起的发展科学的伟大规划，最后全体一致通过。于是，拉马克就带领一些科学家和工作人员马上投入了紧张的筹备工作，当年 6 月 14 日，自然科学博物馆就正式成立了。拉马克非常高兴。许多学者和平民前来祝贺。从此法国生物学的科学研究活动更加蓬勃地开展起来。

拉马克特别善于观察自然现象，对气象观测很有研究，并颇有成就。他在自己的房前经常昂首观察云形，思考云形的变化，并以云形的变化规律为云形分类，再对每种云形的发生和变化原因进行推理，作为预测天气变化的依据。他把自己观察积累的云形资料进行分析、整理，将之分为卷、积、层、浓等（这些名词至今仍适用）类型，依据观察云形的先后变化，预报每日的气象情况。

自 1799 年起，他每年均借助人家的帮助，刊印气象年历，指示来年晴、雨、雷雨、暴风、冰冻等预报。但天气所受的影响极为复杂，当时只靠人工计算，确实力所不及，预报很难无误。后来，拉马克在刊物上发表通告，说明因年龄、身体条件及其他种种原因，不得不停刊。拉马克诚恳地鼓励有志研究气象的科学家应不懈地努力，改进研究方法，取得新的成绩，为农业生产提供气象资料，有利群众，有利国家。

拉马克早期虽一直主要从事植物研究，但对动物也并非门外汉。他到国内外考察期间，采集了许多贝壳标本，在自然博物馆工作期间同时进行了大量的动物学研究工作。1793 年，他担任了动物学教授，讲授昆虫、蠕虫和微生物。当时拉马克 49 岁，他用巨大的努力，精深地钻研、开创新的专业，用他在分类学方面的丰富经验，夜以继日地进行着艰苦卓绝的动物学分类工作，取得了巨大的成果——动物分类系统。他第一次把动物分成脊椎动物和无脊椎动物两大类。他在 1794 年提出的无脊椎动物系统，包括五类，至 1807 年他又把这五类扩大到十个纲。这十纲是：软体动物纲、蔓足纲、环虫纲、甲壳纲、蜘蛛纲、昆虫纲、蠕虫纲、放射虫纲、水媳纲、滴虫纲。这一分类方法，为现代无脊椎动物学的研究奠定了基础。因此，拉马克实际上也是无脊椎动物学的创始人。1815年～1822年，拉马克完成了《无脊椎动物自然史》这一著作。这是一部基本动物分类学著作。正是这部著作使他成为享有世界名望的第一流的动物学家。

拉马克对古生物学也颇有研究，他创立了无脊椎动物的古生物学。关于"生物学"的名称，也是拉马克首次提出的。他由对古生物学的研究进而深入到生物进化的研究，形成了他自己的进化论观点。1809年出版了拉马克一生中最主要的理论著作——《动物哲学》，在这部著作里详细阐述了他的生物进化学说。

拉马克的个人生活是很不幸的，三次结婚，有子女8人，夭折3人，晚年只有2个女儿在身边。他由于常年使用显微镜进行观察研究，眼睛长期疲劳过度，受到损伤，于1819年双目失明。此后十年，生活更为悲惨。困难并没有削弱他的事业心和不屈不挠的顽强意志。他由2个女儿看护，继续进行着科研工作。他口述，女儿罗莎莉记录整理，最终完成了《无脊椎动物自然史》的第七卷。

拉马克于1829年12月18日在巴黎逝世，他为科学而工作不息和为进化思想而进行热情斗争的一生结束了。由于家境贫困，拉马克的遗体只得安葬在蒙巴纳斯的公共墓地。待到后来，人们怀念他的时候，他的遗骸已不知去向了。

拉马克的进化学说当时并没有引起人们的重视。一方面在于法国资产阶级革命的失败，复辟了的封建统治者维护特创论，反对拉马克的进步的学说，同时也由于这一学说本身还存在弱点。直到19世纪下半叶，拉马克的功绩才逐渐为人们所理解。1909年，当英国学者们在纪念达尔文《物种起源》出版50周年的时候，法国也在举行《动物哲学》出版

100 周年的纪念活动。人们在拉马克生前工作的地方——巴黎植物园，为他建立了铜像。

拉马克是一位博学的植物学家、动物学家，也是一位杰出的生物进化论者。他不仅在植物学、动物学方面有独特的贡献，而且他的《动物哲学》和达尔文的《物种起源》是现代进化思想的两大源泉。拉马克也是一位追求真理、进步的学者。为了反对特创论和物种不变论，他遭到了拿破仑、居维叶等人的种种非难和攻击，但他从未因此而动摇自己的信念。他还始终把为科学事业做出贡献当作最大的乐趣。正如他说，科学工作"能予我们以真实的益处，还能给我们找出许多最温暖、最纯洁的乐趣，以补偿生命场中种种不能避免的苦恼。"

最初的进化学说

拉马克作为植物学和动物学领域的分类学家是享有国际声誉的，其贡献是具有历史意义的。而他对生物进化论的贡献更是不可磨灭的。

拉马克所处的 18 世纪，欧洲各国的科学发展出现了新的高潮，这同工业资本主义的发展和在法国开始的政治经济变革是密切相关的。把从矿业获得的原料——煤和农业获得的原料——棉花，投入工业，给资本主义工业提供了相应的物质基础，给科学事业以新的推动，并提出了新的问题。在对自然界的理解上，当时占统治地位的特创论开始动摇了。特创论者认为，现在地球上的各种生物都是由神创造出来的。按照特创论的说法，最初创造出多少种生物，现在就只有多少种生物，而且这些生物都是一次创造出来的，各种生物之间并没有任何亲缘关系。与此相对立的一种新的思想——进化思想出现了，而且越来越占有重要地位。自然研究家布丰第一个提出：通过动植物的分类而显示出来的生物之间的亲缘关系是真实的。

拉马克早期也确信物种是不变的。但在他多年研究无脊椎动物的过程中，不仅进行了科学的分类工作，也仔细地观察了许多动物的生活习性。同时，他还认真、细致地观察了大量动物化石，研究了动物类型的演变过程，越来越坚定地认识到：各种生物都经历了一个进化过程，因此，生物是可变异的。拉马克把自己的进化论观点明确地初次阐述，作为序言写进 1801 年发表的《无脊椎动物分类系统》里，于 1809 年把生物进化的详细理论写在他的主要理论著作《动物哲学》里。

拉马克的进化思想相当丰富，并且在生物进化论的历史上第一次成为一个体系。他针对当时的特创论提出系统的进化观点，后人称"用进废退"学说。其主要内容可分三部分：

1. 环境变化是物种变化的原因；

2. 用进废退和获得性状遗传；

3. 生物按等级向上发展和自然发生论。

一、环境变化是物种变化的原因

拉马克认为生物对环境变化有巨大的适应能力，环境的改变能够引起生物的变异，生物由此进一步适应了环境。所以，环境的多样性是生物多样性的主要原因。拉马克在《动物哲学》里这样写道："每一个曾多次观察而且检查过许多标本的人，对于这样的事实都会确认，即随着栖息地、地势、气候、食物、生活方式等环境约束的变化，在动物体的身长、形态、各部分间的比例、色彩、品质、轻捷性以及技能上的诸特性，也因之而发生与上述变化相比例的变化。"

拉马克还认为，许多家养动物和栽培植物之所以与野生动植物有区别，全在于人为的环境与野生的环境不同的关系。他指出："在自然界的什么地方可以发现，有如像今天菜园中所种植的甘蓝及生菜呢？"

拉马克也研究狗的起源及其多样性。他断定所有的狗都来源于一种野生的祖先。只是由于杂交和培育的环境条件不同，才形成了狗的品种多样性。

他还认为植物受环境的影响比动物更为深刻和显著。同种植物若生长在不同的环境中，其形态结构相差十分悬殊。拉马克以水毛茛为例作了具体的分析。

水毛茛的茎叶若长期沉没在水中，叶即裂成丝状；当它的茎露出水面以上时，在空气中发育成的叶，就呈阔圆形，只是叶的边缘有浅裂；而当这种植物生长在不积水的潮湿的土壤里时，则茎节很短，叶为圆形，完全没有丝状裂叶，你会误认为它是另一种植物的。

二、用进废退和获得性状遗传

拉马克在研究习性和器官相互作用中得到两条著名的法则：

1. 用进废退。即经常使用的器官就发达，不使用的就退化。环境的改变会引起动物习性的改变，习性的改变会使某一器官频繁而持续地使用，逐渐使这个器官得到加强、发展和增大，并给予该器官一种同这种长期使用相符的力量；某一器官长久不使用而逐渐退化，该器官的能力就不断减小，器官逐渐萎缩，最后消失。

2. 获得性状遗传。即上述后天获得的性状能够遗传下去。拉马克认为，凡是动物长期在某一自然环境影响下，只要所获得的变异是两性所共有的，那么这一切变异就能通过繁殖而保持在新生的个体上。某种鸟类，因为生活的需要，迫使它们走入水中，寻觅食物充饥。它们当时便展开脚趾，用力击水，使其身体得以游动于水面。于是，连于各趾基部的薄膜便因脚趾重复开展而获得向外扩张的习惯，经过若干世代，它们各趾之间逐渐生出趾膜，形成今日鹅、鸭等水禽的蹼足。海狸、水獭、海龟、蛙等的趾膜，也是依同样的途径逐渐形成的。在岸边觅食的鸟，一步一步走入淤泥的时候，便用劲伸直两腿，避免身体陷入水中。这样的习性持久以后，他们的脚骨便会继续伸长，身体增高，脚上赤裸的部分能展至大腿，形成了涉禽类。

拉马克还用同样的原理解释食蚁兽的舌头为什么变成细长，以粘舐蚂蚁；解释在海滩上的比目鱼的两眼，为什么能并列于向光的一面；解释食肉动物为什么有锐牙利爪。拉马克对长颈鹿的进化过程作了这样的解释：长颈鹿的祖先生活在非洲干旱地带缺乏青草的环境里，势必要吃树上的叶子，树上低处的叶子吃光了，不得不经常努力地伸长脖子和前肢去吃树上高处的叶子。由于经常使用，颈和前肢逐渐地变得长了一些，而且这些获得的性状传给了后代。这样经过许多世代，终于进化成现代的长颈鹿。

相反，器官长期不用，也能引起种种形态上的变异，遗传给后代。拉马克以食蚁兽为例。他说，这类动物惯常于吞食很小的蚂蚁，无须咀嚼，他们的牙齿就因不使用而逐渐消失。鲸类也有同样的趋势，因为它们要吞食海里的小动物，无须咀嚼，所以没有牙齿。在黑洞里生活的动物，由于眼睛没什么用途，不常使用，就逐渐退化，终于成为现在所看到的一些眼睛退化、或瞎眼甚至无眼的动物，如盲鼠、鼹鼠、盲螈等。他还提到，爬行动物本来都有四脚与其脊柱相联系，然而蛇类惯于爬行地面，或隐藏于草丛之中，身体总是使劲伸长，重复伸展，以穿过狭小的孔隙，结果它的身体变得细长，在此生活习性下，四肢无用了，也不去用它们了，脚对它们进行的爬行动作，只有害处，最后它们的脚就消失了。

拉马克认为，如果环境朝一定的方向改变，生物由于用进废退和获得性状遗传，微小的变异会逐代积累起来而成为显著的变异，终于引起生物类型的改变。

三、生物按等级向上发展和自然发生论

拉马克认为，生物具有追求完善化的内在倾向，就是说生物天生就有向上发展的内在趋势。

按他的意见，生物进化的方向是由低级向高级逐渐推移的，这种推移按不同的等级而逐步上升。

拉马克认为，现在看到的自然界里种类繁多的生物类型，是生物按等级向上发展的倾向和环境的影响之间长期相互作用的结果。也就是说，生物进化的原因和动力，一是生物按等级向上发展的趋势，一是外界环境的影响。

为什么生物具有按等级向上发展的倾向呢？拉马克认为这是由最高造物主所规定了的，而自然界则以变异和革新的方法来保持这种等级。

拉马克的解释存在着一个矛盾：一切生物既然都按等级向上发展，那么怎样理解地球上到处存在着许许多多低等的生物呢？为了解决这一矛盾，拉马克提出自然发生说。他认为低等的生物是经常由自然发生的方式，直接由非生命物质在短暂的时间里转化来的。甚至像水螅那样的动物，也可以在每年适宜的季节、适宜的环境条件下从淤泥里发生。

总之，拉马克用自然发生论，来说明物种起源；用生物等级向上发展学说，来说明生物由低等发展到高等；用用进废退、获得性状遗传来说明新物种的形成；用环境的多样性来说明生物的多样性。

对拉马克进化学说的评价

拉马克是历史上第一个提出比较完整的进化理论的学者，是生物进化论的最初奠基人。他与当时占统治地位的特创论进行了激烈的斗争。拉马克的进化理论立足于机械唯物论和自然规律的基础上。拉马克承认最初的生物是从物质方面产生的，并摒弃任何目的论的原则。

拉马克提出了一些科学的、对生物学发展有积极意义的观点，为达尔文学说的建立提供了有利的条件，为科学的生物进化论奠定了基础。

例如：拉马克主张生物的变异和进化是一个发展的过程，而不是激变所造成的。同时，生物的进化具有一定的方向性，从低等到高等，从简单到复杂，从非生物到生物，一直发展到人类。又如，拉马克认定生物与环境具有密切的联系；动物和植物都具有适应环境的能力；环境对于高等动物的影响是通过其习性的改变而实现的等。这些都有积极的意义。

然而，拉马克的唯物主义是不彻底的，在某些方面暴露出不正确的成分。

他认为自然界中存在着"最高造物主"；生物最终是由造物主所创造；生物的特性是由造物主所赋予的。他认为，这种神秘的伟大力量，给自然安排了一般的程序和一般的自然法则，以后便让自然自己去具体地依照一定的法则产生各类生物，而神秘的力量本身将不再直接干预。其"生物具有向上发展倾向"的理论是唯心主义的臆测，"动物的变异由动物本身的意愿所决定"的观点也是错误的。

拉马克的进化学说也存在由于科学水平和时代造成的局限性，往往停留在假说阶段，缺少实验证据，论证不充分，在很大程度上只是一种臆测，还不能够对物种起源和生物进化作出科学的论证。恩格斯写道："可是我们不应该忽视，在拉马克时代，科学还远没有掌握充分的材料，以便能够对物种起源的问题作出并非臆测的即所谓预言式的答案。"

用进废退是生理现象，这是事实，但获得性状能够直接传递给后代，则纯属假定，未经证实。又如，按拉马克的说法，用进废退是产生变异的原因，又是适应形成的过程。因此，变异与适应在含义上没有区别，是同一个进化的步骤，这种把变异等同于适应的观点是错误的。

获得性状是否能遗传呢？

达尔文在一定程度上接受了拉马克的观点，认为获得性状是能够遗传的。

现代达尔文主义认为，获得性状是不遗传的。性状是由基因控制的，基因的物质基础是遗传物质——DNA，性状的遗传是通过 DNA 的复制，将基因传递给后代而实现的。改变了的性状（表现为获得性状），是一种现象，遗传物质是本质，现象和本质是有联系的。环境影响所引起的性状变异，在遗传物质不变的情况下，一般是不遗传的，只有遗传物质发生变化所引起的性状变异才能遗传。

达尔文时代受科学水平的限制，还没有遗传学的理论知识，对遗传变异的本质还不清楚，所以达尔文接受获得性遗传的观点是不足为奇的。

（李凤生）

进化论的奠基人达尔文

善良的孩子

1809 年 2 月 12 日，在英格兰西部的一个小镇上，诞生了一个可爱的小生命。他就是后来成为举世闻名的进化论的奠基人——达尔文。

达尔文有一个幸福的童年。他父亲是一位学识渊博的医生。他母亲

是一位有见识、有教养的妇女。

天有不测风云。1817 年 7 月 15 日，一个闷热阴沉的夏天，他妈妈因病离开了人间。

从 8 岁开始，达尔文在一所私立小学读书。他最喜欢看的书是《世界奇观》、《鲁滨孙飘流记》。他最喜欢做的事是收集各种贝壳、矿石、甲虫的标本。他最喜欢的人是莎士比亚、雪莱等。

尽管收集标本对他来说充满了巨大的吸引力，但是善良的性格经常使他左右为难。他喜欢收集美丽的蝴蝶和各种甲虫的标本，但又不忍心用大头针戳住它们而置于死地，怎么办？他只好收集一些死亡的昆虫。这样，收集到的标本虽然差一些，他的良心却安宁一些。

他对鸟类的生活非常感兴趣，常常废寝忘食地观察各种鸟的形态和生活习性，而且边观察边做详细记录。

他也很喜欢收集鸟蛋。看到鸟窝里有那么多鸟蛋，他欣喜若狂，真想全都拿走。但是，善良的感情战胜了强烈的收集欲望，每次他从一个窝里只拿走一个蛋。

他更喜欢钓鱼，常常在小河边垂钓。但是他不忍心用活蚯蚓做鱼饵。虽然用死蚯蚓钓到的鱼少一些，但他宁可收获少，也不愿把活蚯蚓扎在鱼钩上。

有一天，达尔文和小同学们热烈地讨论着《世界奇观》中描述的古代七大奇观。有的同学说："空中花园最神奇！"有的同学争辩："罗得岛上的太阳神像 100 多英尺高，多么神奇！"另一位同学慷慨激昂地大喊："建造于 4600 多年前的金字塔才是真正的世界奇观！"达尔文不慌不忙地说："虽然七大奇观中保留到今天的只有金字塔，但是，我想世界上一定还会有其他更好玩的地方。我盼望有一天能到这些地方去亲眼看一看古代的奇迹，亲眼看一看珍贵的动物和植物。我多么想到神话般的大自然中去漫游，那该多有趣呀！"

1824 年夏天，达尔文到舅舅乔赛亚家去过暑假，他高兴极了。

梅庄是乔赛亚的庄园，距达尔文的家大约 20 英里，是一座漂亮迷人的庄园。庄园里有宽阔的草地，踏上去的感觉好似富有弹性的地毯。庄园里还有茂密的树林，各种鸟类婉转的鸣叫声不时从树林中飘出，悦耳动听。更让达尔文惬意的是，在庄园里可以搜集到丰富的植物和昆虫标本。

达尔文不但搜集了很多标本，而且把每件标本都做了简单的记录，有一些还画了简单的图形。可是，乔赛亚舅舅对他提出了更高的要求，鼓励他把观察到的一切有价值的细节都仔仔细细地记录下来，而且谆谆告诫他："只是简单地记录远远不够，必须注意提高你的文字表达能力。每当你描述一种植物、一种昆虫的时候，要使别人能根据你文字的描述准确地辨认出这种东西来。"

达尔文从小就非常尊敬舅舅，现在他认真地聆听了舅舅的教诲之后，虚心接受了他的意见，并下定决心丰富自己的词汇，提高自己的语文水平。他熟读了莎士比亚全集、雪莱的诗集。写作能力的提高为他后来的各种生物论文的写作打下了坚实的基础。

乔赛亚自己家里有一个藏书丰富的图书馆，存有许多自然科学方面的书籍。达尔文 16 岁生日那天，他送给达尔文一本精装的《赛尔波恩》。达尔文欣喜若狂，如饥似渴地阅读。有时晚上睡觉他竟紧紧地抱着这本书进入了美妙的梦乡。

1825 年 10 月，16 岁的达尔文按照父亲的意愿，进入了英国北部的爱丁堡大学。

爱丁堡——苏格兰的古老首都，是欧洲最美丽的城市之一。爱丁堡大学是一座举世闻名的高等学府，是医学博士的摇篮。它深深地吸引着英国、美国及其他一些欧洲国家的青年人，他们都热望着到这座学府里深造，取得学位。

达尔文刚进入这座有名的学府时，对爱丁堡大学也充满了幻想。可是，幻想很快就破灭了。他对有关医学的一些课程不感兴趣，他非常喜欢的动物学和植物学方面的知识也没得到什么，尤其是人体解剖课更使他无法忍受。

大学二年级，他第一次进人体解剖室。解剖台上放着一具尸体，虽然已经用福尔马林液浸泡过，但是难闻的气味仍使他感到恶心。

当时，给病人做手术，不用麻醉剂，也不用什么麻醉药。所以进行手术时，病人异常痛苦。达尔文在观看手术时感到极为恐怖。没等手术做完，他就逃出了解剖室，而且吓得他好几天都心惊胆颤，久久不能平静。

他第二次进人体解剖室，是外科手术的观摩教学，由著名的汉密尔顿教授担任主刀，给一位两腿患有严重骨髓炎的小女孩做手术。

这位小女孩躺在车上被推了进来，移放到手术台上。她看着汉密尔顿手中的闪闪发亮的手术刀，两眼充满了恐惧的目光，全身也不自主地颤抖。

仍然不用麻醉药。小女孩遵照大夫的要求，喝了几口白酒，她的嘴里被塞进了一团纱布，手术就开始了。

汉密尔顿在她腿上的红肿处切了一刀，小姑娘的全身剧烈地抖动了一下，鼻子里发出了虽然很微弱但很凄惨的声音，豆大的汗珠立刻从她的面颊上一串串地滚落下来。她的身体不停地颤动，她的四肢不停地挣扎。为了手术的正常进行，周围的大夫、护士们一拥而上，把她的四肢死死按住，一点也动弹不得。

达尔文看到这般情景，再也忍受不住了。他奋力推开周围的同学，冲出人体解剖室，跃下楼梯，声嘶力竭地叫喊着："啊，太可怕了！太残忍了！我受不了了！"

他下定决心，永远不再踏进那可怕的人体解剖室！

达尔文对医学失去了任何兴趣，他很想抛弃医学专业，但是他又怕不听父亲的话会受到责备。他实在感到左右为难。但是，"医学既然不能解除人们的痛苦，那么继续学习医学还有什么意义呢？"这个想法时时刻刻萦绕在他的脑际。

学校有明确的规定：学生必须完成人体解剖的所有实习之后，才能参加专业考试，否则就不能拿到毕业文凭。

怎么办？他百思不得其解。想不出一个两全齐美的办法，他觉得心烦意乱。

爱丁堡大学的图书馆里藏书极为丰富。达尔文对昆虫学、贝壳学、哲学、诗歌等方面的书非常感兴趣。他如饥似渴地读了一本又一本。愈这样，他就愈感到自己不适宜学习医学专业。如果自己的一生都用来研究动植物，也许能搞出一点成果。他的这个想法愈来愈强烈。终于，他勇敢地提起了笔，给父亲写了一封信。信中写道："那些躺在解剖台上的人，真是可怜，他们和我们一样地爱过别人，也被别人爱过。他们在忍受病魔的折磨之时，还要被大夫们任意切割，忍受着无法忍受的痛苦。在这种残酷的事实面前，我实在不想学习医学专业了。"

在爱丁堡大学，有些同学和达尔文一样，不喜欢医学，喜欢研究动植物。高年级的葛兰特和科尔斯特里姆就是这样的学生。有一天，他们看到低年级的达尔文小同学情绪低沉，就约他到海边去散步。一路上，他们三人热烈地讨论着共同感兴趣的问题。从昆虫到贝类，从现在到将来。他们到海边采集各种海生动物，与几位渔夫一块捕捞鱼虾、牡蛎，真是快活！

葛兰特比达尔文大几岁，活动能力很强，对事物有自己独特的见解。在讨论有关生物进化的问题时，他很有见地地说："拉马克的《动物学哲学》是关于进化的一部重要著作。拉马克不同意自然界是一成不变的，他认为动物和植物在不同的生活环境的影响下，经常发生着变化，上帝的干预是多余的。"

科尔斯特里姆在生物学方面也是一位出类拔萃的青年。但是他笃信宗教，崇拜上帝。听到葛兰特最后一句话，他有些不高兴地说："拉马克是法国 18 世纪的一位哲学家，这我不否认。但是我更坚定地相信一切都是上帝赋予的。拉马克自己也说过，如果不依据万物的最高造物主的意旨，任何东西都不会生存的。"

听着他们俩激烈地争论，达尔文兴趣盎然，又觉得这两位高年级学生学识比自己渊博，见解比自己高明，所以，在他们争论的时候，达尔文只是洗耳恭听。由于研究生物的共同兴趣，把他们三人紧密地联系在一起了。虽然达尔文的年龄小，可是每次采集标本一点都不落后。在简陋的显微镜下，他认真地观察各种微生物。而且，他居然发现了前人的两个错误：一个是被前人误认为是板枝虫的卵，实际是它的幼虫；另一个是海生吻蛭的卵衣，被前人误认为是墨角藻幼年期的球状体了。达尔文把这两项发现写成了科学论文，送给葛兰特看。

葛兰特是"普林尼学会"的书记。普林尼学会是爱丁堡大学一个主要研究自然科学的组织。大学生们经常在这个组织里宣读或讨论自己关于自然科学方面的论文。

葛兰特认真地阅读了达尔文的处女作之后，认为他很有独到的见解。在一次普林尼学会的讨论会上，葛兰特让达尔文宣读了论文，得到同学们热诚的赞扬。大家一致认为：科学研究不是简单地重复前人的工作，只有能找出前人的错误，得出正确的结论，才能使科学进一步发展。

葛兰特在讨论会结束时说："虽然达尔文的年龄小，但是他有一定的研究能力。所以，我郑重地建议，让达尔文接替我的职务。"

1826 年 11 月，达尔文正式当选为普林尼学会的书记。从此，他研究生物学的热情更加高涨，兴趣更加浓厚！

在爱丁堡大学的自然史博物馆里，经常可以看到达尔文的身影。博物馆的馆长是一位研究苏格兰鸟类的专家，从小就非常喜欢鸟类的达尔文如鱼得水，一有闲暇便去和馆长聊天，从中获取了许多有关鸟类的知识。他还向馆长学习了制作鸟类标本的本领。

有一次，达尔文听说爱丁堡大学有一位制作鸟类标本的能工巧匠。他立刻前往，拜此人为师，虚心向他学习剥制鸟类标本的技术。而且，每次学习，达尔文都自己掏钱付给他作报酬。后来，这位能工巧匠成了达尔文的一位好朋友。

知识的积累和体质的锻炼

1826年暑假，达尔文背着行李，横穿北威尔士，做了一次长途徒步旅行。他每天步行几十千米，还攀登了斯诺登山峰。这次旅行，既锻炼了身体，又磨炼了意志，对他后来的伟大事业很有益处。

达尔文对打猎也颇感兴趣。1827年秋季的大部分时间他都是提着猎枪奔波在树林里。晚上睡觉时他就把猎枪放在床边，第二天早晨起来拿起枪就走。日积月累，他打枪的技术很有长进；爬山涉水，又增强了他的体魄；打猎活动，也为他将来的伟大事业创造了有利条件。

由于达尔文生物学知识的不断增加，他逐渐对普林尼学会的活动感到不满足了。他很想参加更高一级的学术活动，例如维尔纳学会和爱丁堡皇家学会。他曾出席过一次爱丁堡皇家学会的学术活动，在回忆中写道："那一次的主席是斯格特，我望着他侃侃而谈的风度，心中满怀着敬畏。"

达尔文在自然科学方面积累了比较多的基础知识，又善于研究，而且不断地拜能人为师，不断地拓展自己的知识领域，使他在爱丁堡大学求学的时期奠定了坚实的基础。

年愈花甲的达尔文医生看到自己的小儿子实在不想学习医学，不能继承自己的事业，只好决定让他改学神学。

1828年初，达尔文按照父亲的意志进入剑桥大学基督学院学习神学。那时，剑桥大学有23个学院，有许多讲堂、实验室、俱乐部和阅览室，占地极广，几乎包括了整个城市。各个学院的建筑都雄伟而阴沉，有高而狭长的彩绘窗格，有房顶尖尖的塔楼，有高耸的石头围墙，有大而沉重的院门……这一切都充满了中世纪的气氛。

达尔文从小喜欢自然科学和文学，不喜欢神学。父亲执意让他改学神学，乔赛亚舅舅也极力劝说："哥白尼、布鲁诺、康帕内拉这些伟大人物都学习过神学，而且从神学走向了科学。"舅舅的话使他受到了启发。他遵从了父亲的旨意，进入了基督学院。

在基督学院，达尔文认真阅读了《论教义》、《基督教教义证验论》、《伦理学》、《自然神学》等各种神学著作。在神学考试中成绩优良。但是，这一段经历，给他后来的科学研究增加了困难，也使他不能成为彻底的唯物论者和无神论者。

在剑桥大学基督学院学习期间，尽管达尔文学习的是神学知识，但是他最热心的工作仍然是搜集甲虫。他在这方面具有出色的记忆力。他能准确地记住自己搜集的每一种昆虫的名字。在他的箱子里保存着很多种昆虫的标本，而且每件标本都有编号，都清清楚楚地写好名称和搜集的时间、地点。

有一天，他去剥一棵老树的树皮，看到了两只罕见的甲虫。他立即一手捉住了一只。突然，他又发现了第三只，而且又是一个新的种类。这时，他既舍不得放弃手里的两只，又想捉住第三只。怎么办？他急中生智，立刻把右手的那只塞进嘴里。唉哟！这只昆虫排出了一些又苦又辣的液体，把他的舌头辣得生疼，苦得他直想呕吐。他只好吐出了这只昆虫，而第三只昆虫也乘机跑掉了。

一个搜集家，如果要得到丰富的收获，他的工作就一定是艰苦的、复杂的，但是也充满了无限的乐趣。

一个偶然的机会，达尔文结识了著名的植物学教授亨斯洛。这个偶然的机会，对达尔文的一生产生了极大的影响，关系到他一生的命运。

那是一个初夏的日子，达尔文和他表哥相约去参观剑桥大学植物园。路上，他们俩碰上了亨斯洛。几位爱好生物学的学生围坐在亨斯洛身边，专心地聆听着他传授昆虫方面的知识，绘声绘色地描述着昆虫如何在花丛中授粉。听着听着，达尔文大胆地提出了一个问题："尊敬的亨斯洛教授，上帝是先创造出花朵，再根据每朵花的结构创造出昆虫？还是先创造出了昆虫，再根据昆虫的特点去创造花呢？"他的提问，引起了这几位学生的兴趣，他们展开了激烈的辩论，同时也引起了亨斯洛教授的注意。他立刻邀请达尔文到他家里，参加每星期一次的自然科学的小型学术聚会。

亨斯洛教授很好客，在家里每周接待一次客人，客人们都是科学界人士。这种聚会，没有酒菜，只有茶水，但充满了自由探讨各种学术问题的浓厚气氛。这种聚会深深地吸引了达尔文。每次散会的时候，他都依依不舍地离去。

通过一次次地聚会，达尔文不但增长了很多自然科学方面的知识，而且结识了很多著名的科学家。

亨斯洛教授经常带着达尔文等几位学生去采集标本，并做过几次长途旅行。教授把大自然作为最好的课堂，把旅行中遇到的各种动植物当作生动的教材。教授培养达尔文，就像精心培育幼苗一样。达尔文日后能成为举世闻名的科学家，在很大程度上受益于这位独具慧眼的"伯乐"——亨斯洛。

达尔文结束了剑桥大学的学习生活之后，遇到了一件关系到他一生的事业和命运的大事。

贝格尔舰旅行

1831 年 8 月 24 日，亨斯洛给达尔文写了一封信，推荐他参加贝格尔舰的环球旅行。信中写道："我认为在我所知道的那些适合于这项工作的人之中，你是最符合条件的，我这样说，并不是把你看作一位完美的自然科学家，而是因为你非常擅长于采集和观察，并能注意搜集一切值得记载到自然科学书籍里去的东西。希望你不要谦虚，不要怀疑自己的能力。我确信你是贝格尔舰所要物色的人。"

接到这封信，达尔文欣喜若狂，长途旅行的愿望就要实现了，多么难得的机会呀！

可是，一盆凉水泼来，父亲不同意。

如何是好？正在达尔文心急如焚的时候，舅舅乔赛亚伸出了强有力的支持他的双手。乔赛亚了解达尔文，一个渴求知识、好奇心极强的青年，能参加这次科学考察，确实是千载难逢的极好的机会。在乔赛亚的极力劝说之下，达尔文医生同意了儿子的请求。

达尔文开始了紧张的准备工作，购买各种衣物和旅行中必用的东西。当然，最重要的准备就是去看看贝格尔舰。

贝格尔舰是一艘三桅的木船，全长30多米，完成过很多次远航任务，从来没出过什么事故。这次，英国海军派它远航的任务是测绘南美洲东西两岸和附近岛屿的水文地图，并进行环绕地球的时间测定工作。

贝格尔舰的舰长兼总指挥官是菲茨罗伊。他仪表堂堂，一派绅士风度，具有地质学和气象学的专门知识。他与达尔文做了一次认真地交谈，对达尔文留下了良好的印象：彬彬有礼，渴求知识，忠于职守，坚决勇敢，不屈不挠，善于分析，精于研究。

1831年12月27日贝格尔舰正式启航。这一天在达尔文的生命历程中揭开了新的一页。这个美好的日子成为达尔文第二次生命的诞生日！这次旅行是他一生中最重大的事件，这次远航决定了他的全部研究事业！

贝格尔舰在菲茨罗伊的率领下，装备着6门大炮、6条小船、1只小艇；搭载了35位水手、8位士兵、2位海军实习生、6位侍从；还有副官、军医、秘书、会计、绘图员、画家和博物家，真是威风凛凛，好不气派！贝格尔舰驶出德文港之后，将穿过大西洋，横渡太平洋，进入印度洋，绕过好望角，再回到大西洋，经过南美洲东岸，返回英国。

达尔文参加这次环球考察的计划是研究地质学和无脊椎动物学。他在船尾安装了一张网，用来采集各种海生动物，再按照分类的方法，把它们逐一登记入册。

舰上的生活安排得很有规律，每天 8 点钟吃早点，下午 1 点钟吃午饭。午饭很丰盛，有肉、豌豆、南瓜、面包。下午 5 点钟大家坐在一起喝茶、聊天。舰上只许喝水，不许喝酒。

在舰上，达尔文工作很勤奋。可是他晕船很厉害，经常迫使他不得不暂时中断工作。他从登上贝格尔舰就感到眩晕，而且，航行的时间愈长，愈感到无比痛苦。他在给家里的信中这样写着："晕船的痛苦远远超过了我原来的想象。听别人说，晕船是一个星期就能适应的。可是，已经好几个星期了，我怎么还不适应呢? 晕船弄得我精疲力尽，稍微动弹一下，就五脏翻滚，像要昏死一样。海洋的壮观景象也令人讨厌了!"

除了晕船，还有别的困难。达尔文在另一封家信中写道："夜里睡觉也很不舒服，船上有跳蚤，咬人很厉害。我浑身乱痒，痒得钻心。我的身体表面被跳蚤咬得留下了一块一块的红斑。"

然而，追求科学研究的强烈愿望极大地鼓舞着他，激励着他，坚定了他克服困难的勇气和信心。他在日记中这样写下了他的想法："为了我所研究的事业，我付出了很高的代价。但是我要得到的这些东西，用别的方法是不可能得到的。只有坚持这次旅行考察，才能达到目的。旅行中遇到的任何困难，也抵挡不住我对大自然的热爱。这次考察如果半途而废，我是死不瞑目的!"

1832 年 1 月的一天，贝格尔舰驶向圣地亚哥岛。达尔文在床上专心致志地阅读《地质学原理》。英国著名地质学家赖尔在这部著作中提出的理论是："地球变化的原因不是由于超自然的外力，是由于火山的喷发、温度的变化、冰川的移动、海水的潮汐等各种因素在漫长的时间里逐渐造成的。"

达尔文在基督学院读书期间学习的是居维叶的观点："在地球的历史上曾发生过几次大灾变，每一次大灾变时，地球上的生物全都灭绝了，然后再由上帝重新创造出一些生物，这些新的生物与原来的生物没有什么联系。"

达尔文掩卷深思：他们俩的理论针锋相对，究竟谁正确？

在圣地亚哥岛沿岸，达尔文按照赖尔的地质学方法进行考察。先标明每块岩石在地层中分布的顺序，再把这些岩石与化石的情况结合起来，再与现存的生物进行比较，则可判断那个地区的地质年代。

每采集到一种海生动物标本，达尔文就立刻贴上标签，作详细的记录。每天采集回来以后，他都要把一天考察的情况详细地写成日记。有时要工作到深夜。他的助手克文顿有些不耐烦："达尔文先生，先简单地记录一下，以后再整理研究不行吗？"达尔文严肃地回答："在科学研究上，不能用简单的记录代替详细的描述，不能让有价值的资料从我们手上溜走。这项工作确实很麻烦，但是，收藏一个分类错误的化石，还不如没有它。"

在圣地亚哥岛的考察使达尔文确信：赖尔的理论是正确的。

1832年2月，贝格尔舰来到了南美洲。达尔文进入乌拉圭的潘巴斯草原。草原上常年刮着干燥的风，把土壤吹得干裂了。太平洋上富含水分的海风吹不到这片草原上。这种干燥的气候条件对植物的生长是非常不利的。细心的达尔文立刻注意到了这种情况，分析了植物生长与湿度之间的关系。不过，草原上动物的种类比较多。他采集了一些爬行动物、哺乳动物和80多种鸟类的标本。

达尔文在草原上看到的最大啮齿动物是水豚，重约45千克。它牙齿阔大，能把水生植物咬得稀烂。水豚叫起来的声音很像猪叫，特别难听。奇怪的是，它见了人一点儿都不怕。达尔文一打听才知道，当地人从来不捕捉水豚，所以它对人没有丝毫的恐惧。

达尔文还看到了一种很小的啮齿动物，其生活习性有些像鼹鼠，昼伏夜出，过地下生活。它发出的声音是"土哭土克"。所以，当地人就叫它土哭土克鼠。

他观察的鸟类则更多而有趣。

反舌鸟：春天的叫声特别悦耳，它非常喜欢啄食当地人挂在墙上风干的肉。

平多维鸟：傍晚时分，它在路边的灌木丛中悠然自得地鸣叫，其声音就是"平多维，平多维"。它的头和喙很笨重，与其身体之大小极不相称。飞行时东倒西歪，很不稳定。

鸵鸟有一种奇怪的特性：在繁殖季节，几只雌鸵鸟把蛋产在一个窝里，每窝有20～40个蛋的时候，就由雄鸵鸟去孵化。这几只雌鸵鸟又一块到另一个窝里去下蛋。

达尔文仔细地观察了鸵鸟的繁殖情况，又经过认真分析，解开了这个秘密：雌鸵鸟三天下一个蛋，一只雌鸵鸟一共要下十几个蛋。当地的天气又很炎热。如果每只雌鸵鸟单独下完十几只蛋，自己再去孵化，最初下的蛋早就臭了。所以，它们集体下蛋是对生活条件的一种适应。

有一次，船上的一位军官捕获了一只少见的鸵鸟。达尔文准备认真地研究一下。可是，他还没来得及研究，突然看到那位军官正在烧着吃这只鸵鸟。达尔文立刻冲上去，抢下没吃完的那些，做成了一个标本。这种稀有的鸵鸟后来陈列在动物学会的标本馆里，定名为"达尔文鸵鸟"。

达尔文在南美洲的考察历时三年半。他的足迹遍布巴西热带雨林、布宜诺斯爱利斯、火地岛、智利、秘鲁。他爬高山，涉溪水，入丛林，过草原，采集各种动植物标本，历尽了千辛万苦。尽管经常是日晒雨淋，饥渴劳累，甚至还要经常遭受毒蛇猛兽和各种传染病的威胁，都丝毫不曾动摇他的决心。相反，热带雨林那如诗似画的景色，常常使他如醉如痴，充满激情，流连忘返。

而且，一个新的想法总是回绕在他的脑海里：圣经上说，上帝按照一个计划创造了世上万物。可是，这些高大挺拔的乔木，互相缠绕的藤蔓植物，铺在地上绿毯似的苔藓植物；五颜六色，千姿百态的花，真是一幅精美的画卷！这么丰富多彩的生物都是由上帝一下创造出来，可能吗？

达尔文还常常思考这样一个问题：各种生物的生活方式多种多样，其生活方式与生活环境之间为什么有那么紧密的关系？

在巴伊亚布兰卡，达尔文见到了一种很有趣的小鸟，名叫"踢若球鸟"，样子很像鹌鹑。它喜欢在沙丘中活动，一看到人，就立刻躲得无影无踪，好像钻到地里去了。过一会儿，它又会重新钻出来。

另一种叫"小糟屋"的鸟，在当地居民的院墙里生活。它能在墙里钻一个很深的洞做巢，常把墙穿透，给居民的生活带来了极大麻烦。

达尔文从巴伊亚布兰卡到布宜诺斯爱利斯，要通过一片荒原。在这片荒无人烟的地方，食物和水都很难找到。他常常处于饥饿、口渴之中。如果碰到大片的沼泽地，找一小块干燥的地方过夜是很困难的。

在这段极端艰难的考察道路上，达尔文亲眼看到了一场罕见的冰雹，每个雹子足有小苹果那么大，砸死了许多野兽，成批的鹿、鸵鸟都成了这场冰雹的牺牲品。不过，这倒成了达尔文的福气。他把一些干燥的植物堆积起来燃烧，把鹿肉和鸵鸟肉架在火堆上烧烤，既解馋又解饿。达尔文狼吞虎咽地大吃大嚼，真是一顿丰盛的野餐！

接近布宜诺斯爱利斯的时候，眼前出现的完全是另一幅景像：陆续映入眼帘的小城镇到处是花园，路边的各种花草生长茂盛。站在小镇上，仿佛置身于一个美丽宜人的花的世界之中，令人心旷神怡！可是，粗鲁的驿站长和当地居民对他们的态度却很不友好，用怀疑、审查的眼光瞪着他们，俨然把他们当成了一伙坏蛋。当驿站长看到达尔文的护照上写着"自然科学家查理·达尔文先生"这行小字以后，态度立刻发生了根本的变化，变得彬彬有礼。这是为什么呢？因为驿站长不懂"自然科学家"是什么意思，他认为这是一种大官呢！

达尔文找到了很多古代大象的化石，其身体的大小基本上与现在的大象一样。从牙齿的结构特点可以分析出，它们是以食植物为主的。可是大象不会爬树，它们的牙齿也不会撕食地上的植物，它们怎样取食呢？

达尔文苦苦思索这个问题，很久找不到答案。后来，在看其他生物学书籍时，才恍然大悟：大象是坐在地上，用前腿把树枝扳下来，然后进食，所以它的盆骨很大，后半个身体非常坚实。

在这个地区，达尔文还收集到很多陆生四足动物的残骸和许多巨兽的化石。面对这些化石，他又陷入沉思：这些庞大的四足动物为什么绝种了？带着疑问，他走进了当地居民的家，与他们聊天，询问当地各种自然灾害的情况。通过调查研究，分析综合，他找到了原因。因为严重的旱灾，草木干枯了，这些庞大的四足动物找不到食物而饿死。旱灾之后，接着就是雨季，又造成水灾。使大批动物的尸体掩埋在冲积土里，形成了化石。从对这件事情的分析，他对圣经里的神话又发生了怀疑。

在一个牧场，他听到了当地牧民讲述的一个关于牧羊犬的有趣故事：在羊群里生活着一条小狗，它自出生之日起就和小羊生活在一起。小狗每天都去吮吸母羊的奶，狗窝也是用羊皮做成的。小狗整天和小羊一起玩耍，小狗在小羊的友谊中被养育成长。长大以后，这条狗成了羊群的朋友和保护者。

达尔文在与当地居民的谈话中得到了许多有用的知识，使他在考察过程中逐渐懂得了这样一个道理：一位博物学家，到一个陌生的地方去考察，要想在一个较短的时间里得到很多知识，必须向当地居民虚心请教。因为他们长期生活在这块土地上，在与大自然的长期搏斗中积累了许多宝贵的经验。世界上各个民族的文化特点不同，但每个民族都有自己的长处，都需要互相借鉴。虽然达尔文出身在一个经济富裕、知识渊博的医生之家，成长在当时世界上最强盛的英国。但是，世界各国各民族的知识是那么光辉灿烂，包括一些很落后的土著居民，在生活中积累起来的知识都是很有用的。例如，拉普拉塔一带的土著居民告诉达尔文怎样用投石索的方法捕捉美洲狮。美洲狮的身体庞大，非常凶猛，怎样才能捕捉到呢？先用投石索捆住它，让它拖着石索跑，跑到精疲力尽的时候就很容易捕捉了。一个土著人，用这种方法，一个月就能捉到 30 多头美洲狮。

贝格尔舰到了巴塔基尼亚高原。这里的景色很单调，但是达尔文看到了一个大自然的奇观：成群成群的蝴蝶在空中自由地飞翔，布满了天空。忽然，又纷纷落在甲板上，好似下了一层薄薄的白雪。达尔文把亲眼目睹的这一美妙景象称为"蝴蝶雪"。

在拉普拉它河河口的夜晚，达尔文又看到了大自然的另一个奇观：海风轻拂着海面，海面发出一片青白色的光辉。船头激起磷液似的波浪，船尾拖着一条长长的乳白色的痕迹。放眼望去，四周的波浪的顶峰闪闪发光。这种发光的现象是由许多海洋生物的身体发出的光而形成的。

随着考察的不断进展，达尔文的思想斗争也不断地激化，一方面是他在基督学院学习过的物种不变的传统理论，是《圣经》上宣传的上帝创造万物的教义；另一方面是他亲眼目睹的与这个传统观念完全相反的大量事实，这些大自然的杰作是《圣经》无法解释的。是尊重客观事实，还是盲目地维护传统观念？在达尔文的灵魂深处展开了一次次的撞击！

1832 年 12 月，贝格尔舰停泊在火地岛港口。这个岛为什么叫火地岛呢？原来，只要有外国人光临此岛，岛上的居民就纷纷点燃篝火，用火光互相传递这个消息。白天，篝火发出一缕缕蓝蒙蒙的烟；晚上，一处处的火光闪烁，点缀了岛上朦胧的夜色。因此名叫火地岛。

火地岛人，外貌奇特，全身赤裸，一丝不挂。肩上披一张兽皮，不是衣服，是用来挡风的。风从哪个方向吹过来，他们就把这张兽皮移到哪个方向。看到火地岛人这般模样，达尔文惊奇万分。

再仔细看一下他们的脸，更令人惊讶！他们的脸上涂着白色、红色和黑色的花纹，或者把脸涂成一种颜色。看上去，有点像中国京剧的脸谱。

火地岛人说话时，常发出一种很特殊的嘶哑的喉音，还不停地发出一种喀喀声。而且，模仿别人的声音，是火地岛人特有的本领。你说一个英语单词，他就能立刻很准确地模仿出来，甚至你用英语说一句话，他们也能很快地模仿着说出来。

火地岛人的住房是什么样的呢？他们找来几根粗大的树枝插进土里，外面盖上一些芦苇和干草，房子就盖好了。噢，这就是他们津津乐道的"棚屋"，其实就是个草堆，这么简陋的房子显然不能抵御严寒。而且，有时他们干脆躺在棚屋外面潮湿的泥土上，身上盖一张兽皮，舒心地进入梦乡。

火地岛人吃什么饭呢？他们主要吃各种软体动物。如果拣不到足够的软体动物，他们就得挨饿。饥饿的火地岛人实在忍受不下去的时候，就会把年老的妇女杀掉当饭吃。不同的部落之间交战时，也经常发生把对方的战俘当饭吃掉的事情。

火地岛人虽然愚昧落后，但是也懂得做生意。贝格尔舰上的人们手里的一块布、一条带子、一枚铁钉，火地岛人都视为珍宝，他们都争着用螃蟹、虾、鱼去交换。有一次，达尔文送给一位火地岛人一枚铁钉，并表示不需要交换任何东西，可是那位火地岛人硬是把两条鱼塞给了达尔文。

1834 年 7 月，贝格尔舰抵达智利的瓦尔帕来索海港。从阴森的火地岛来到这洁白的城市，达尔文顿时觉得精神振奋。蔚蓝的天空，明媚的阳光，青青的小草，潺潺的流水，一切都那么惬意。尤其是这里有一种鸟，更使达尔文喜爱。这是一种燕科的鸟，尾很长，弯到自己的后背上。它从一丛灌木跳到另一丛灌木上的时候，总是发出美妙的鸣叫声。达尔文细心地聆听着，像是欣赏一曲动听的音乐。

这种鸟英国也有，但两者差别很大。达尔文感慨地说："都是燕科的鸟，因为生活在不同的纬度，它们的形态不同，鸣叫的声音也不同。可见，生物的形态、生活习性与其生活的环境之间有多么密切的关系。"

1835 年秋季，贝格尔舰结束了对南美洲西海岸的考察，驶入加拉帕戈斯群岛。这是一个迷人的群岛，由 7 个大岛、23 个小岛组成，位于赤道上，全都由火山岩组成。因为岛上有大量的龟鳖，所以又叫龟鳖群岛。

海龟很大，重的约 180 千克，需六七个人才能抬动它。海龟的数量很多，当地有一居民，一天就捕捉了 200 多只。海龟很爱喝水，达尔文看到了这样一幅景象：在靠近泉源的地方，一队海龟急匆匆地向着泉源奋力爬行。另一队已经喝饱了水的海龟正向相反的方向懒洋洋地爬着。而且，海龟的心包和膀胱里能贮存很多水，当地居民遇到缺水的时候，就杀掉海龟，喝它心包和膀胱里存的液体。

"先生，您品尝一下，比咖啡好喝。"当地居民用海龟膀胱里的液体盛情招待达尔文。他出于礼貌，也许出于好奇，兴致勃勃地喝了一口，然后彬彬有礼地回答："嗯，有一点苦，但是很可口。不过，我想还是贮存在心包里的液体滋味更好一些。"

当地居民又告诉他："各个岛上的龟，形态和肉味都不一样。"达尔文连忙问："为什么两个岛之间的距离这样近，却有这么大的区别？"

"这个问题您应该去问上帝。为什么在两个很近的岛上要创造出两种不同的海龟来。"一位居民很不耐烦地回答。

一群彼此距离很近的岛屿，地质构造和气候条件都一样，高度也差不多。可是，同一个物种的生物在不同的岛上都不一样。如果，世上万物都是神创造的，为什么神要如此煞费苦心，费这么大劲、这么繁琐地去创造呢？达尔文再一次陷入深思之中。

他一边思考一边考察。他共收集了 15 种海龟，同时又采集了 26 个类型的陆栖鸟类，100 多种当地特有的显花植物。

经过广泛的调查、采集和反复思考，达尔文逐渐理清了自己的思绪：这些物种不会是上帝创造出来的，而是在环境条件的长期影响下慢慢产生的。我不想向《圣经》挑战，但是我尊重事实。

《物种起源》问世

1836年10月5日，贝格尔舰胜利完成了环球考察任务，回到了英格兰海岸。

当英格兰的轮廓依稀可辨时，甲板上顿时沸腾起来，大家不禁吹呼雀跃。

"万岁，伟大的英国！"

"祖国，我爱你！"

"为凯旋归来，干杯！"

……

五年前，达尔文刚刚蹬上贝格尔舰的甲板时，他是一个神学论者。五年后，他离开贝格尔舰时，却是一位深刻的思想家了。

回国之后，达尔文和全家人欢聚了几天，到乔塞亚舅舅家住了几天，然后又投入了紧张的工作。

他采集的各种动植物标本和化石装在一只一只大箱子里，需要逐一做出科学的鉴定。这就需要聘请许多专家学者协助工作。例如，研究鱼类的专家、鸟类专家、哺乳动物专家、藻类植物专家、地质学家……

达尔文找了很多有名的专家学者，可是没有人支持他。既得不到国家经济上的资助，也得不到博物馆业务上的支持，他万万没想到，自己五年来历尽千辛万苦得到的这些珍贵标本竟遭到如此冷遇！

面对这些困难，达尔文没有灰心。他不相信自己五年的心血会白费。他坚信，一定能找到知音。功夫不负有心人，他终于找到了地质学家赖尔，得到了他的支持。赖尔建议达尔文从剑桥搬到伦敦来住，因为在伦敦有一大批著名的博物学家。

达尔文迁居伦敦之后，与赖尔交往频繁，经常交换各自的研究心得和体会。达尔文不但在学术上十分推崇赖尔，而且对赖尔"工作强度以不损害身体健康为限度"的科学工作方法十分钦佩。他效仿赖尔，科学地安排了自己的工作时间。

1839年达尔文与表姐爱玛·韦奇伍德结了婚，婚后在伦敦居住了四年时间。

由于在五年旅行考察的过程中，达尔文工作极为劳累，生活条件很差，他的健康受到了很大影响，体质虚弱，经常生病。再加上伦敦烟雾弥漫，车马喧闹，使他愈来愈感到无法忍受。

1842年9月，达尔文全家搬到了离伦敦24千米的唐恩村的新居。唐恩村有居民3000多人，村子里有三条道路。达尔文的新居是一幢三层小楼，楼后有一座小花园，朝花园的一面的屋顶上有一个塔楼，墙上爬满了攀援植物，碧绿可爱。

离开喧闹的伦敦，住进幽静的唐恩村，达尔文立即投入了紧张的工作。他给自己制定了严格的作息时间。

达尔文每天早晨7点起床，在花园里散步。7点45分吃早点，上午8点半～11点半工作，然后是午饭和午休。下午1点半～4点工作，4点一5点半散步，5点半～7点半工作，然后是晚饭，听埃玛弹钢琴、下棋、听音乐。晚10点准时睡觉。

这个作息时间，达尔文严格地执行了40年之久，直到他生命的结束。

在唐恩村这个小村子里，达尔文潜心著书，完成了19世纪科学史上的一次伟大革命。

1859年11月24日，达尔文出版了《物种起源》。伦敦的几家书店门前，人声鼎沸，争相抢购。这本书第一版印了1250册，当天就销售一空。许多没有买到书的人都希望尽快再版。从伦敦到剑桥，从牛津到伯明翰，从曼彻斯特到唐恩村，整个英国到处在谈论着《物种起源》。

恩格斯在《物种起源》出版后几天就读了这本书。1859年12月12

日，他写信给马克思："我现在正在读着达尔文的书，确是非常了不起！"

马克思的一家人也经常谈论达尔文和《物种起源》的威力。他在《资本论》第一卷就引用了达尔文书中的内容，并且称赞说："是一部划时代的著作。"

可是，《圣经》的信徒们被大大地激怒了，有的人说达尔文是"天真的白日梦"；有人说达尔文的这本书"荒唐绝顶"；有的人挖苦达尔文说："你过去是我的朋友，现在是猿猴的后代。"还有些人大骂达尔文："把人和动物放在一块，你简直是神经病！"

在铺天盖地的嘲笑、漫骂、攻击、讽刺、威胁声中，达尔文奋起反击。达尔文的朋友们也伸出了友谊的双手，与他并肩战斗。

1860年6月30日是一个星期六，在牛津大学的图书阅览厅里，展开了一场激烈的大论战。以威尔伯福斯大主教为首的天主教徒们对达尔文的《物种起源》进行了集中的、猛烈的、疯狂的攻击。达尔文的好友——赫胥黎用渊博的生物学知识，用铿锵有力而富有幽默感的生动语言回敬了大主教。达尔文的《物种起源》在这场举世闻名的牛津大论战中获得了巨大的胜利！

达尔文的学说在科学上得到了承认；达尔文的学说创造了一个新的时代；达尔文的学说把生物学从宗教概念的束缚中解放了出来；达尔文的学说，不但成为生物科学的基础，而且成为正确的世界观的一个不可分割的组成部分。

1882年3月7日，达尔文在散步时，心脏病发作。4月19日，达尔文的心脏停止了跳动，享年73岁。

达尔文的家属想把他安葬在唐恩村。但是，20多位国会议员联名写信，建议安葬在著名的威斯敏斯教堂，达尔文的家属同意了这个建议。

伦敦的威斯敏斯大教堂是一座哥特式建筑。从11世纪起，英国的国王和女王都在这里加冕。他们死后大都也安葬在这里。

4月26日，在威斯敏斯大教堂举行了达尔文的葬礼，送葬仪式非常隆重。在送葬的队伍中，有许多科学家，有许多大学和科学团体的代表，有许多国家的外交代表，有更多的社会各阶层的群众。

达尔文的墓穴在赖尔的墓旁，离牛顿的墓只有几英尺远，他们共同享受着英国科学家的最高荣誉。在达尔文的墓碑上刻写着：

《物种起源》

及其他几部自然科学著作的著者

查理·达尔文

生于 1809 年 2 月 12 日

卒于 1882 年 4 月 19 日

（周文斌）

"昆虫世界的荷马" 法布尔

什么叫昆虫？按动物学家的分类，它是属于节肢动物门的"六足虫纲"的一类动物。这就是说，凡昆虫都有 6 条腿。比如蚂蚁、螳螂、蝉等等，便都是我们常常见到的昆虫；而有着 8 条腿的蜘蛛，则属于节肢动物门蛛形纲动物，被排除在昆虫之外。

昆虫真是一个庞大的家族。地球上已记载的种类就有 100 万种左右，约占整个动物种数的五分之四。

昆虫又是一个异常复杂的家族。在这个家族中，有善飞的，有会爬的；有吃肉的，有吃草的；有生活在地面的，有生活在水中的；有美丽的，有丑陋的；有善良的，有凶狠的；有灵巧的，有笨拙的；有长着单眼的，有长着复眼的……

昆虫还是一个变化多端的家族。在它们的生长发育过程中，大都要经历卵、幼虫、蛹和成虫四个形态不同的时期。当你见到色彩艳丽的甲虫或翩翩起舞的蝴蝶时，你很难想象，它们在幼年时期竟是一条丑陋可怕的肉虫子。

如此众多、如此复杂、如此善变的昆虫世界，该隐藏着多少秘密啊！

人类与昆虫打交道的历史可以说与人类发展史一样久远。然而，长期以来，人们却对昆虫世界的秘密所知甚少。即使到了 19 世纪之前，动物学已经有了相当程度的发展，人们也只是对昆虫的形态和分类给予了一定的注意，而对这个家族成员的行为习性和体质构造并无系统研究。

第一个深入昆虫世界作详尽持久观察，并以解剖刀作为武器对昆虫进行精深探索，从而系统地揭示了它们有趣的习性、非凡的本能、奇怪的婚配以及复杂的变态等种种奥秘的，是法国著名的昆虫学家让·亨利·法布尔。他数十年与昆虫为伴，把一生的研究成果凝聚在他那洋洋几百万字的巨著《昆虫记》中。

在法布尔的笔下，各种昆虫就像小说中的人物一样，有形象，有个性，而且还有生动有趣的故事情节和诗一般的韵味。因此，法国大作家雨果送给了法布尔一个雅号：昆虫世界的荷马。

农民儿子的快乐

法国的南部，有一个名叫圣·莱昂的小村庄。这是一个山青水秀的地方。葱翠的树木布满了山头和坡谷；潺潺的溪流从山口奔泻而出，绕过田园和村舍；一丛丛、一片片的灌木和野草布满了村子周围的一切空地。每当春天来临，各种不知名的花卉竞相开放，引得蜜蜂、蝴蝶忙碌不已；夏天，在火辣辣的阳光下，"知了"精神振奋地唱着单调的歌曲；秋天，金黄的庄稼地里和凋零的草丛间，常是虫声唧唧，似吟似歌，如泣如诉；即使到了冬天，那皑皑雪地上，也常有出没的狐兔，那森森树林中，也常有聒噪的乌鸦。

这里便是法布尔的出生地，也是他们全家世世代代居住的地方。他是 1823 年 12 月 20 日降生在一个农民的家庭的。除了大自然给了他格外的恩惠以外，人世间迎接他的只是贫穷和痛苦。

农村的孩子都有自己寻找欢乐的方式。小法布尔也不例外，他的乐趣在于观察各种小动物的秘密。一只翻飞的蝴蝶，一条爬行的小虫，一只蹦跳的蚱蜢，一个鸣叫的蟋蟀……都会使他驻足沉思，兴奋不已。

一个夏天的夜晚，他听到附近的丛林中有一种东西在鸣叫，"唧唧唧，唧唧唧"，就像一只饥饿的小鸟在呼唤着自己的妈妈。法布尔被这叫声所吸引，便蹑手蹑脚地朝那出声的地方走去。可当他快要靠近的时候，叫声竟戛然而止，周围只是一片黑洞洞的寂静。回到家里，奶奶叮嘱他以后夜间不能再到树林中去，因为那儿有张着大口的灰狼。法布尔真有点胆怯了，可他还是抵挡不住那叫声的吸引，下决心要弄个明白。第二天、第三天夜间他还是自个儿来到丛林中，结局仍和头一天一样。在一种神秘感的驱使下，法布尔大有不获胜利不罢休的劲头。终于有一天，他发现并且逮住了那个机灵鬼。原来，那是一只通体绿色、触角细长的"纺织娘"。

到了五六岁的时候，法布尔便有了自己的工作：每天把一群小鸭子赶到小溪或池塘里去放养。他很热爱这个"职业"，因为每天放鸭子的时候，总可以逮到许多甲虫、螺蛳、贝壳、小青虫之类的东西。他把这些战利品装进口袋里，回家后足可痛痛快快地欣赏一阵子。

1830 年，法布尔进了村里的一所小学。整所学校不仅只有一间茅草房，而且也只有一个老师。这个老师还身兼数职，既是村里的理发师，又是教堂的打钟人。在这种情况下，他自然少有精力从事教学活动。法布尔在这里学了几个月，甚至连课本第一页上的字母也记不住。

有一天，父亲从集市上给他买来了一张挂图。图上的 26 个格子中分别画着 26 种动物；每种动物名称的第一个字母，又恰好是字母表上相应位置的那个字母。凭着对这些动物的喜爱，法布尔才很快记熟了那张字母表。

每逢节假日，便是法布尔最快乐的日子。这时，他可以去爬山，在密林中采集五颜六色、形状各异的蘑菇。他把这些蘑菇进行分类，然后分别加以观察和记载。

10 岁那年，法布尔随父母迁居到了罗德兹镇。两年后，他进了罗德兹一所中学。由于家境的贫困，勉强念完中学后，他就开始挑起了生活的重担，到街头叫卖汽水，到铁路上当筑路小工。

在同命运的搏斗中，法布尔毕竟是一个强者。他以优异成绩考取了阿维尼翁师范学校的官费生，并且获得了奖学金。在这所学校里，他只不过学到了一些文法和数学方面的基础知识，离科学家的门槛，还有一段很遥远的路程。

一双足以骄傲的手

1842 年，19 岁的法布尔从师范学校毕业，被分配到卡尔庞特腊公立中学的附属小学当教师。

那是一所破烂不堪的学校，教师薪金也很低，只够勉强维持一个人的生活。法布尔对那些来自农村的孩子深为同情，却苦于无法从经济上帮助他们，只能极尽所能，给他们传授一些土壤学、植物营养学、肥皂制造法、蒸馏法、金属学等适用知识，以利他们毕业后能找到适当的职业。

在教育学生的同时，他自己则在自学的道路上艰苦奋进。凭着卡尔庞特腊中学的图书馆，他学到了许多数学方面的知识，一年多以后，便通过了数学考试，取得了学士学位。

1844 年，法布尔同当地的一名女教师结婚，不久又有了一个儿子。在经济负担越来越沉重的情况下，儿子又身患重病，因得不到良好治疗而夭折。法布尔忍受着精神上和肉体上的痛苦，仍旧发愤自学，终于在 1848 年同时获得了数学和物理学两个硕士学位。

法布尔在教育和自学方面的成功，引起了教育当局的重视。就在他获得硕士学位不久，当局便把他调到科西嘉岛上的阿雅克修中学当物理教师。在那里，他患了热病，身体日趋衰弱。三年后，他又被调到阿维尼翁公立中学担任教职。

化学也是法布尔长期自学的学科之一。在阿维尼翁中学，他曾花了十多年时间，发明了从茜草中提取红色染料的方法，至使有人利用这一方法发了大财。仍旧一贫如洗的法布尔只是把自己的化学知识写成了一本趣味横生的《化学奇谈》，用以激发青少年学习化学的热情。

1868 年的一天，平民出身的教育总长迪律伊到阿维尼翁中学视察工作，正碰上法布尔在作茜草实验。迪律伊要同他握手，法布尔不得不把那双被染红了的手缩了回去。

迪律伊爽朗地笑了起来："我早知道你是个博物学家，如今才知道你还是一位化学家。"

这位教育总长愿意给法布尔一些帮助，因而请他陪自己一起去车站，以便在途中进一步交谈。

到了车站，送行的官员们见教育总长与这个穷教师谈得甚为投机，一个个都感到疑惑不解。此时，教育总长突然抓住法布尔的手腕，把他那只染红了的手高高地举了起来，大声对大家说："这是一双足以骄傲的手。这双手能做很出色的实验，而且还善于用笔、用放大镜和解剖刀。这是一双永远不会使我忘记的手！"

初露锋芒

除了在数学、物理和化学方面的刻苦钻研以外，法布尔始终没有放弃他对生物学的兴趣。1854 年冬天，他读到了当时法国最有声望的昆虫学家莱昂·迪富尔的一本著作，从此决定了他终生的事业。

迪富尔的著作，是一本介绍砂蜂生活习性的小册子。在这本书中，他叙述了这么一件趣事：砂蜂常把自己捕获的甲虫——吉丁虫，拖进自己的巢穴供幼蜂食用。然而，这种吉丁虫却能长期贮存而不腐烂。迪富尔认为，这是因为砂蜂给自己的捕获物注入了一种防腐的毒质。

事情是否真是如此呢？法布尔决定亲自到野外作一番实际观察。他山上山下地寻找了好几天，终于找到了一个砂蜂的巢穴。经过仔细观察，他发现被拖进巢穴里的吉丁虫并没有死，只是长期处于麻醉状态而已，有时腿和翅膀还能抖动。

为了证明这一观察结果并非偶然，他一连花了几个月的时间，反复观察砂蜂的捕食过程。有时为了跟踪一只砂蜂，衣服被荆棘挂破了，手脚摔得鲜血淋漓，他在所不顾；有时为察看砂蜂的行为，他如痴似呆地守候在砂蜂巢穴的洞口，一蹲就是几个小时。村里的警察觉得他行迹可疑，有一次竟把他抓起来讯问了一番。

观察事实已无可怀疑地证明了吉丁虫确实没有死。那么，它被麻醉的奥秘究竟在哪里呢？法布尔首先研究了砂蜂的毒汁，发现它并无防腐作用。接着，他又研究了吉丁虫的神经系统，发现它只有一个运动神经中枢。砂蜂在俘获了吉丁虫以后，用腿把它搂紧，使它的一个关节张开，然后准确地在那个运动神经中枢刺了一下，吉丁虫就瘫痪了。法布尔模仿这一动作给吉丁虫施行手术，果然使吉丁虫变得半死不活。

法布尔通过进一步的观察还证明，砂蜂的幼虫在食用吉丁虫的时候，也有一套巧妙的办法：它先吃掉吉丁虫无关紧要的部位，最后才取食危及它生命的要害部分。因此，直到吉丁虫被吃光时，虫体始终保持新鲜。

在经过上述艰难而又杰出的工作以后，一篇题为《砂蜂的习性及其幼虫所取食的甲虫不腐败的原因》的论文终于在第二年发表了。这篇论文使法布尔赢得了声誉，连大名鼎鼎的迪富尔也深为作者的观察和分析能力所折服。1856年，法布尔获得了法兰西学士院颁发的蒙特恩奖金（实验生物学奖金）。1859年，又被图卢兹大学授予自然科学硕士学位。

"可怜的白痴"

对砂蜂习性的观察，使法布尔明白了一条道理：科学来不得猜测和臆断，唯有脚踏实地的探求，才能真正掌握它的底蕴。

从那时起，在以后半个多世纪的漫长岁月中，法布尔始终注意从实践中吸取营养，不断积累观察到的事实，并以缜密的科学态度对这些事实进行综合和分析，从而得出正确的结论。他既不轻信无根据的传闻，也不盲从权威们的论断，而是坚持把这些传闻和论断放到实践中去检验。当时有一种说法：鹈鹕常在昏暗的暮色中吐出自己的内脏来喂养饥饿的幼雏。为了弄清真相，法布尔再次发挥他卓越的观察才能，一次又一次地偷偷跟踪鹈鹕的行动。秘密被揭开了，原来鹈鹕吐出来的只是白天贮存在喉囊里的鱼虾。

观察和记录昆虫的行为习性，几乎成了法布尔生活中的第一需要。无论酷暑严冬，无论阴晴雨雪，无论白天黑夜，他那不倦的目光总是时时注视着昆虫们的每一个细小的动作。有时，他趴在一个蚂蚁洞穴前盯着那些忙忙碌碌的小东西，一看就是半天；有时，他跟踪一只蜜蜂或蝴蝶，竟跌跌撞撞地奔跑好几个小时；有时，他蹲在一片绿叶前，用放大镜观察木虱的动静；有时，他停在一面蛛网下，目不转睛地看着蜘蛛捕食苍蝇和蚊子的情景；有时，他匍匐着行进，为的是要弄明白螳螂如何搬运粪球；有时，他提着灯笼外出，为的是在夜间察看蜈蚣产卵……

那是一个秋天的早晨，法布尔趴在一块岩石边研究土蜂的行为。几个摘葡萄的姑娘"叽叽喳喳"地说笑着从他身边走过，他竟丝毫也没有觉察。到了傍晚，太阳已经西沉，姑娘们在回家的路上，仍看见他一动不动地趴在那里。她们疑惑不解，有一个姑娘不禁惊叫起来："啊呀，他怎么花了一整天时间，就瞅着这块石头呢？一定是个可怜的白痴，我们该为他祈祷。"

真正理解这个"白痴"的，还是那位教育总长迪律伊。他欣赏法布尔的渊博学识，并委托他在阿维尼翁的一个修道院里为修女们开设了一个自然科学讲座，以作为自己提倡女子教育的一个步骤。

这件事却遭到了宗教卫道士们的强烈反对。他们认为，给年轻妇女讲授生物学知识，是对神的亵渎。于是，在他们的阴谋煽动下，法布尔被房东赶出了门。

从此，法布尔永远脱离了教育界，时间是 1871 年。

收获大自然的秘密

法布尔在离开教职后，向公众传播科学知识的热情并未泯灭。他耗费了近十年的精力，撰写了一批有关天文、化学、动植物方面的科普著作，受到了广大读者和法国教育界的欢迎。迪律伊在读到这些著作以后，决定再次为法布尔提供帮助。他推荐法布尔到皇宫里去，担任皇太子的宫廷教师。

这使法布尔想起一件往事：那是在他发明从茜草中提炼染料的方法以后，由于迪律伊的荐举，他曾被政府任命为勋级会的会员，并去巴黎的皇宫晋见法皇拿破仑三世。法皇那傲慢、冷漠的表情给了他极大的刺激，他发誓不再跨进宫廷的大门。

如今，他说什么也不去当宫廷教师。他断然拒绝说，"我宁愿与昆虫作伴"，也不去教那位皇太子。

从此，法布尔隐居乡间，对他 20 多年研究昆虫的成果进行整理，于1878 年写成了不朽名著《昆虫记》的第一卷。

第二年，他又倾尽自己的全部积蓄和写书挣得的钱，在法国南北两个动植物区交界处的赛利农购买了一块荒地和一所房子，以作终生"与昆虫作伴"的谋划。

这是一片布满荒草和石子的地块，长满蓟草，以致法布尔给它定名为"哈马司"，意思是不能耕种的石子地。

有人对法布尔购下这块地不可理解，问他为什么要把钱花在这种不可能有收获的事情上。法布尔回答说："我要收获的不是谷物，而是大自然的秘密。"

的确，从"收获大自然的秘密"的角度去看，"哈马司"真是一个不可多得的地方。由于特殊的地理环境，不仅使南北方的昆虫都可能在这里相会，而且地中海沿岸的所有昆虫，都会在这里留下踪迹。

法布尔把全家都迁到了"哈马司"，并在这里度过了他最后 30 多年的宝贵时光。到"哈马司"后的第五年，也就是在法布尔 60 岁的时候，他的妻子去世。后来，他又续娶了一位妻子，仍旧以"哈马司"为家，过着隐居式的生活。他穿着农夫的服装，在这个天然的昆虫实验场中辛勤劳作，实现着"与昆虫作伴"的愿望。

他把那所小房子加以修葺，又在房子的周围种上花草树木，既为昆虫提供了合适的生活环境，也为自己创造了从事科学研究的场所。此外，他还在住所与园庭之间盖起了一个实验室。实验室面对园庭的窗户始终洞开，以迎接各种前来"拜访"的昆虫。

在这个荒芜冷僻的地方，法布尔免去了各种社会交往，专心致志地与昆虫对话，观察昆虫的行为动作和生活习性，研究昆虫世界的秘密。

他一生中许多重要的实验和重要著作，都是在这片"哈马司"完成的。他说："昆虫们天天都有新的事告诉我。"

是的，"哈马司"对于科学事业的功绩，远非任何一块能够收获谷物的肥沃土地所能相比。在法布尔去世之后，法国国会基于这片土地的科学价值，也基于对法布尔终生操劳的纪念，决定把"哈马司"收为国有，把它建设成为一个永久性的科研基地，在这个基地上，不断地揭开大自然的秘密。

为面包而发愁

"哈马司"虽然是法布尔倾尽全部家产和心血所建立起来的一个昆虫实验场，但这里的研究条件却仍然是十分简陋的。实验室里，除了几个标本柜以外，就只有一些试验管、玻璃筒和空铁罐。唯一贵重的一件物品就是一台显微镜，而这台显微镜又是别人赠送的。

在法布尔的住房中更是别无长物，那里除了几把普通的椅子、一张桌子、两三个粗糙的柜子和一个朴素的书架以外，几乎再也没有什么可以称之为家具的东西。

对法布尔来说，这一切已经足够了。可是，当他为面包而感到发愁的时候，他的科研工作就很难正常维持了。他没有薪金，唯一的经济来源就是写文章赚来的稿费。这点少得可怜的稿费，要维持一家的生计，当然不可能不捉襟见肘，窘迫不堪。

真正到了山穷水尽的地步时，法布尔不得不暂时放下手中的工作，而去向一个专为年老穷困的科学家所设的"科学学者救济会"申请救济。他痛切地写道："我由各名人大家赠送了'无与伦比的观察家'、'昆虫世界的荷马'、'昆虫汉'等各种雅号，还得了许多褒赞之词。然而，我现在却将在落魄贫寒之中度过余生。如果我能够不忧虑于天天所需的面包，专心去继续研究珍贵的学问，那我会多么高兴啊！"

事实上，也确有一些了解法布尔的热心人在为解决他的生活困难问题而奔走呼号，只是这种努力的成效并不显著。政府也偶尔给过他一些资助，但不过是杯水车薪，终究未能使他跳出贫困的深渊。

为了解决一家人最起码的面包问题，法布尔可以说是绞尽了脑汁。可是，他的家中连一件可以换取面包的东西也没有，他又有什么良策呢！在无可奈何之中，他想到了自己有一本彩色蕈类图谱。这是他花了极大心血亲手绘制而成的一本蕈类图，是自己科研的成果，但为了对付贫穷和饥饿，也只好忍痛割爱，拿它去换取面包。他给一位朋友写了一封信，委托他去出卖这本图谱。他在信中说："近来我的面包问题比以往更加紧迫。卖这本图谱，虽然心里很难过，但也只得放手，以略事接济。这是为着自己，尤其是为着一家生计，为着我的昆虫研究工作。我无论如何也要将这个研究继续下去。"

当法布尔陷入如此尴尬的境地之时，一位诗人出面，请求政府给予帮助。政府以奖励科学的名义给了法布尔一笔钱，才使那本珍贵的图谱没有易主。

法布尔这种贫穷的生活一直持续到他的晚年。在他87岁的时候，一位好友利用为法布尔祝寿之机，对他的功绩进行了大力宣传，才使这位默默无闻的科学家为大众所知晓，其境况才相应有所好转。

恰在这个时候，法布尔那种曾经为面包而发愁的困境才随之传扬开来，以至在全世界引起了不小的轰动。巨额赠款、各式礼物和大批的慰问与致敬的信件，纷纷从各地寄来。他每天对一大堆信件一一作复，把所有的汇款和礼物一一退还，对一些没有具名的馈赠，就拿来分送给当地贫民。为此，法布尔整整忙碌了一个夏天，弄得疲惫不堪。他恳切地告诉那些关心他的人们："我并不是为了名誉荣华而工作，我只是因为对研究感到有趣才辛勤工作的。"

不朽巨著《昆虫记》

继 1878 年写成《昆虫记》第一卷之后，法布尔又陆续把他 30 多年中的观察和研究成果写成著作。这就是《昆虫记》的第二至第十卷。

洋洋几百万言的十大卷《昆虫记》，既是世界科学史上的不朽之作，也是法布尔一生心血的结晶。在"哈马司"的那所小房子里，法布尔总是一边构思着自己的书稿，一边围着实验桌踱步。长年累月，桌子周围的地板竟被踏出了一圈凹痕。

在法布尔之前，人们研究昆虫，只限于形态、分类之类的内容。法布尔独辟蹊径，以昆虫的生活史、性格、行为和本能为着眼点，开拓了昆虫学研究的全新领域。昆虫的相貌和行为，被法布尔的神来之笔加以记述和描写，赋予了这部科学著作以文学故事般的色彩，读来尤为引人入胜。

蜣螂是法布尔观察研究了近 40 年的一种昆虫。它的形象被法布尔描绘得惟妙惟肖，尤其是它制造和搬运粪球的过程，更是被他描写得逼真而富有风趣。蜣螂在找到了人畜粪便以后，总是用它头上齿状的硬角和前足把粪便卷成一个个圆球。圆球越滚越大，有的甚至要比蜣螂的身体大几倍。然后，蜣螂用两条后腿将粪球抱住，用一对中腿撑住地面，依靠两条前腿交错行进，把粪球推回"家"去。一路上，运送粪球的蜣螂可能会遭到伪装的或明火执仗的"强盗"的袭击。一只懒得自己制造粪球的蜣螂，也许会假惺惺地去帮助一只正在吃力地推动粪球的蜣螂。但这个被帮助者稍不防备，这粪球就会被那只懒蜣螂掠走。有的蜣螂干脆公开抢劫，与搬运粪球的蜣螂撕拼一番，胜者占据粪球，败者悻然离去。

蜣螂为什么不辞劳苦制造粪球，甚至为粪球而撕杀呢？原来粪球是蜣螂的食物。它把粪球推进自己的洞穴以后，就把洞穴的口封上，然后开始品尝自己的劳动成果。它不分昼夜地嚼着粪球，不停地排泄着如细绳般的粪便。有一次，法布尔竟连续观察一只吃粪球的蜣螂达 12 小时之久，在这 12 小时内，这只蜣螂拉出的粪便竟达 2.8 米长。

如果说蜣螂制造和搬运粪便完全是为了自己享用，那也是一种误解。有时候，它是在为尚未出生的后代准备食物。它把粪球的表面磨得光滑坚硬，以便使球内粪便始终保持松软湿润。然后，它把卵产在粪球内，幼虫一旦问世，身边便有享用不尽的食物。

《昆虫记》的另一个贡献是对斑蝥、地胆这类甲虫复变态秘密的揭示。一般全变态的昆虫，一生都要经历卵、幼虫、蛹和成虫四个形态不同的时期，而斑蝥、地胆的变态比这个过程还要复杂。刚从卵中孵化出来的微小幼虫，是体长而扁、附肢发达的步甲型幼虫，它行动敏捷，时常潜入花丛。当花蜂前来采蜜时，它就附着于蜂体上，让花蜂将它带回蜂巢，开始过寄生生活。在这里，它开始发胖，不再劳动的长腿逐渐变短，进而变成体粗腿短的蛴螬型幼虫。冬天来了，它的腿进一步退化，身体外长出一层硬壳以御寒，这就成为象甲型幼虫。春天来临，它脱去硬壳，又恢复为蛴螬型幼虫。然后，它再化蛹，最后羽化为成虫。

为了揭开这种复变态的秘密，法布尔整整花了 25 年的时间。

螳螂的婚配，是法布尔所观察到的昆虫的许多奇异习性中的一种，雌螳螂在与雄螳螂交尾之后，竟然立即忘记了夫妻恩爱，把自己的丈夫从头到胸一口一口地吃掉。在这个凶残的母夜叉面前，竟然还可能有第二只甚至第三只不怕死的雄螳螂去继续求爱，以至重蹈覆辙。

我们总是颂扬蜂类是伟大的建筑师，因为它所建的蜂巢不仅轻巧、美观、实用，而且那只棱柱状的蜂房，所用材料最少而容积最大。切叶蜂的本领更大。它能十分精确地从树叶上切取许多圆形和椭圆形小片，以做成蜜罐，供产卵之用。产完卵以后，切叶蜂又以同样精确的程度切来一块块树叶作为罐盖。第一个观察和记录下蜂类这种非凡本领的人，正是法布尔。

除了昆虫之外，法布尔还对蜘蛛这类跟昆虫"近邻"的节肢动物作了精细研究。蜘蛛本是一种形象丑陋、喜爱杀戮的动物，但却是自然界少有的"慈母"。蟹蛛总是把卵产在精心编织好的卵囊中，产卵后又用蛛丝和枯花在卵囊上做一个帐幕状瞭望台，日夜守护着尚未出世的儿女。只要一旦发现"入侵者"，它就会奋不顾身地把"入侵者"赶走。这位尽心尽责的母亲，宁可忍饥挨饿，也不会有片刻出外寻找食物。几星期过去了，待到小蜘蛛问世后能独立生活之时，母亲已在瞭望台中悄然死去，仅剩下那骨瘦如柴的遗体。狼蛛则干脆把自己产的卵用丝带紧紧系在腹端的纺织突上，并背着这个沉重的包袱过着艰难的游猎生活。如果稍有不慎，卵囊被丢失，它就会焦急地到处寻找，大有不找到卵囊不罢休之势。如果有谁要夺取它的卵囊，狼蛛就会与它进行殊死搏斗，直至夺回卵囊为止。这时，如果你偷梁换柱，塞给它一个其他蜘蛛的卵囊或软木珠，寻子心切的母亲会在匆忙中不辨真伪，如获至宝似的把假物系在自己身上。晴天，它还用后腿把卵囊捧起来晒太阳，并且不断转动卵囊，以使蛛卵能均匀地得到温暖。经历三个月的细心照料，幼蛛孵化出来了。它们撒娇似的爬到"慈母"的背上，在那里堆了一层又一层。这位"慈母"则不辞辛劳，背着自己的小宝贝到处游猎、玩耍。半年之后，幼蛛已经历两次脱皮，方有了独立生活的能力。这时，母蛛才以愉悦的心情看着自己的子女离它而去。正是狼蛛的这种携卵驮子的母爱，才使它又有"保姆蛛"的称号。

时代的印记

法布尔及其撰写的《昆虫记》在科学史上的地位是不容置疑的。但是，法布尔作为一个 19 世纪的科学家，也不可避免地有着时代的局限性，他的《昆虫记》也被打上了这个时代的烙印。

法布尔一生对昆虫的观察和描述都是无与伦比的。他对观察对象的实证主义态度也体现了一个科学家的唯物主义精神。但由于他不善于对观察到的事实进行综合分析，从而升华为理论，所以最终陷入了唯心主义的泥坑。他在每观察到昆虫的一种奇妙、精细的本能以后，脑子里就增加了一个问号。他虽然也费尽心思去考虑这种本能的产生，但终究百思不得其解。在他看来，蜂类的筑巢，螳螂的婚配，砂蜂的麻醉术等等动物行为，都是人类智慧所无法解答的问题。他不得不把这一切都归之于神的安排，归之于上帝的创造。这就使得一个本来抱着唯物主义态度去从事观察和研究的伟大学者终于滑向了唯心主义神创论的巢臼。

在当时，英国博物学家查理·达尔文已在从事动植物和地质的研究中，提出了生物进化论的伟大学说。他的这种以自然选择为基础的进化学说，不仅说明了物种是可变的，而且对生物的适应性也作了正确的解释。达尔文认为，动物的许多本能，都是在"适者生存"的自然法则下，经过长期自然选择的结果。

法布尔作为与达尔文同时代的科学家，对达尔文的科学研究精神是深为佩服的。他们两人经常通信，交往甚密，有着很深的感情。在达尔文看来，法布尔对昆虫本能的观察，正好为进化论提供了论据。他在给法布尔的信中说："我将来写本能进化论时，就要借用你所供给我的实验记录的一部分。"达尔文还真诚地告诉法布尔："全欧洲再也没有人像我这样赞叹阁下的研究了！"法布尔也很敬重达尔文。为了便于同达尔文的交往和理解达尔文的学说，他甚至拼命地攻读英语。达尔文逝世之后，法布尔还经常用各种方式表示对这位伟大人物的怀念和敬意。

然而，个人的友谊终究掩盖不了学说观点上的分歧。达尔文的进化论给神创论所带来的冲击，是法布尔所无法接受和认同的。法布尔不认为动物的本能是在长期进化过程中自然选择的结果，因而使自己在接近真理后又主动地远离了真理。

法布尔这种思想局限性的产生，除了进化论本身确有不甚完备的地方外，当时某些学者以一些不准确的昆虫方面的例子来牵强地说明进化论，以致使法布尔反感，也是原因之一。当然，最主要的原因还是在法布尔本人，他作为一个有神论者，自然与进化论格格不入。

今天，在我们接受了马克思主义的唯物辨证法以后，我们指出法布尔的错误，但并不影响我们对他的功迹的颂扬与肯定，更不影响我们对他的研究态度和忘我精神的学习。

永远进取的一生

自从定居"哈马司"以后，法布尔集中了自己的全部精力从事昆虫观察、研究和写作。他把这一工作看作是在挖掘一种"有价值的无尽宝藏"，因而越干越有劲。

在他 60 岁的时候，同他生活了近 40 年的妻子不幸去世，使他经历了一段人生痛苦。此后，他续娶了一位妻子，仍在"哈马司"过那种几乎与世隔绝的生活。这位妻子和她所生的孩子们由于受到法布尔的感染，亦对昆虫研究产生了浓厚兴趣，并主动地承担了助手的工作。研究队伍的扩大，似乎给"哈马司"增添了一些欢乐，也使研究工作有了更快的进展。

当他着手写《昆虫记》第九卷的时候，他已是一位年届 80 的耄耋老人了，而当《昆虫记》第十卷问世时，他已经到了 87 岁的高龄。这时，他的脑子仍然很健全，还计划以《萤火虫》等新发表的几个单篇为基础，继续撰写《昆虫记》第十一卷。可毕竟年岁不饶人，体力已明显感到不支，眼睛花了，写字十分困难，手也发抖很厉害。因此，他的这一计划最终未能实现。

在研究工作的道路上，法布尔总是永远进取，永远不知满足。他认为自己几十年的工作，只是给博大精深的昆虫世界勾画了一个大致的轮廓。要探索其中的精微，即使上帝再给他几百岁的寿命也是不够用的。有人曾劝他以自己对昆虫本能的观察为基础，写一本著作，对一切生物的本能进行全面概括和总结。对此，他付之一笑，并诚恳地回答说："我不过在海岸旁稍稍搬动了几颗砂子，你以为我就此知道海的深度么？"

1910 年 4 月 5 日，由朋友为他操办的 87 岁寿辰庆典活动在"哈马司"举行。这是法布尔前所未有过的一次盛大庆典。埃德蒙·佩里埃学士院总会的科学家在会上致辞，对法布尔几十年的研究工作给予了高度评价。瑞典的斯德哥尔摩科学院则授予他一枚林奈纪念章，以表彰他对生物学的贡献。法国的罗曼·罗兰等几位著名文学家也致信祝贺。他家乡的雕刻家则更是骄傲地为他制作了一枚雕有他本人肖像的金质纪念牌，以示人们对他的崇敬与感激。

此后又过了 3 年，法国国务部长和总统先后来到偏僻的"哈马司"，亲自拜访这位年事已高的学者。在乐队高奏的迎宾曲中，土炮鸣响，整个乡间顿显热闹非凡。贵宾们用最动听的语言赞颂着法布尔的功绩，一阵阵掌声和欢呼声不绝于耳。面对这样盛大的场面，近 90 岁的法布尔内心虽然百感交集，可却一句话也说不出来。他坐在一张普通凳子上，戴着毡帽，垂着白发，木然地听着颂词，只觉得自己成了一个"大家喜欢说、喜欢看的奇妙动物"。

此后，"哈马司"所在的赛利农市的市长也感到了这位科学巨人给当地带来的荣耀。他想请人为法布尔铸造一尊铜像。可法布尔对此异常冷漠。他说："据我看来，这不过是接神迎佛的胡闹罢了。"

这时的法布尔，健康状况已经日益衰落。他无法继续从事自己所热爱的研究工作了，甚至连走路的能力也没有了。1915 年 5 月，他让家人把他扶上轮椅，最后在"哈马司"转了一圈，算是与这个曾凝聚了他 30 多年心血的实验场告别。

同年 10 月 11 日，法布尔终因尿毒症而与世长辞，享年 92 岁。他留给后人的遗产，除了那部荷马史诗般的不朽之作《昆虫记》之外，还有他那为科学事业而献身的伟大精神。

（赵云鲜）

达尔文进化论的卫士海克尔

19世纪，人们在自然科学上已经取得了一系列伟大成就，显微镜的发明和使用；细胞的发现及细胞理论的建立；生物进化论的建立，从根本上改变了整个生物科学的面貌，使之发生了一次革命性的转变。但是这一系列的伟大发现却为当时神学界、学术界的保守势力所不容，他们尽力扼杀科学发现，迫害捍卫真理的人。在这重要时刻，海克尔挺身而出，成为德国第一个捍卫进化论的勇士。在他整个科学生涯中，竭尽全力地为捍卫和普及达尔文主义学说，进行不屈不挠的努力，并进一步丰富和发展达尔文学说。达尔文进化论得以在全世界广泛传播，海克尔有着不可磨灭的功勋。

少年植物学家

1834年2月16日，恩斯特·海恩里希·海克尔降生在德国的波茨坦。他的父亲卡尔·海克尔是一位律师，富有正义感，热爱科学，喜欢讨论一些政治问题。虽然身为政府官员，但他对那些教士和贵族地主们剥削、虐待贫苦人们的行为非常憎恨。母亲夏洛特·塞思是德意志联邦柏林枢密院一位官员的女儿，她是一位贤妻良母，安静、勤劳、有思想、富于理性，对于自然界的美丽充满了热爱。父母的性格与爱好无疑影响着小海克尔，优越的家庭环境也为海克尔的教育创造了良好的机会。

一年以后，他的父亲作为管理教堂和学校事务的高级参议员从波茨坦被调到梅泽堡。于是全家迁往在当时还是一个小镇的梅泽堡，在这里海克尔度过了他的童年和小学时期。

少年时代的海克尔有着红胖的脸颊，金黄色的头发，穿衣服也不很讲究。他性格内向，兴趣广泛，特别喜欢采集制作各种植物标本和绘画。他的家庭教师卡尔·古德，也是一位热情的自然爱好者，师生二人经常在梅泽堡近郊采集各种奇花异草。学校放假时，他往往一人前往野外森林，去寻找新标本。当然每次野外采集回来不仅能获得新的标本，还常常会带回一些风景画的新作品。对许多植物的野外采集唤起了海克尔观察自然的感情。读过三年小学后，这个活泼而且智力敏捷的孩子就成了中学的学生。

中学时代的海克尔有极强的求知欲，课堂上讲授的那些干巴巴的内容无法满足小海克尔对知识的渴望。采集植物和绘画仍是他的兴趣所在。12岁时，海克尔已经是当地植物优秀的鉴定家了。他还亲自布置了一个

植物标本室，以放置他的收藏品。在他的中学时期，这个标本室所收藏的植物标本增加到近12000种，这些标本至今还可以算是这地区最完备的，具有相当大的科学价值。海克尔不仅采集植物标本，而且还将它们按照自己定下的分类标准进行分类。在进行分类定名时，他发现除去一些"好的品种"之外，还有一些从一种到别种的过渡类型和一些非典型的类型，他把它们归之为"坏的品种"，它们使人对品种的不变性发生怀疑，当时海克尔还不能解释这个现象，但在日后的研究中他终于找到了答案。

也许是经常野外采集的原因，小海克尔对旅行总是充满激情，当有人问小海克尔长大愿意做什么时，他会说："我要做一个旅行家。"那些描述在大自然旅行一类的著作都会使他爱不释手。在中学时代他就阅读了达尔文的《一个自然科学家的环球旅行》、施姆保克的《在瓜依那的旅行》以及洪堡德的《自然界的观察》和施莱登的《植物和它们的生活》等著作。这些书他百看不厌，一读再读；这些书不仅使他开阔了眼界，增长了自然科学知识，而且激发了他更大的求知欲和兴趣。他决定中学毕业后，去耶拿求教施莱登，攻读植物学，然后再像达尔文那样，进行一番探险旅行，到热带森林里去考察和研究植物。

1852年海克尔中学毕业，但未能如愿地去耶拿学习植物学，他患上了风湿性关节炎，为了休养他不得不回到已经搬迁到柏林的父母那里养病。尽管海克尔的父母尽量满足他对植物学的爱好，但是他们认为研究植物学不能保证温饱，因此坚决要他学医，做一名受人尊敬的医生。海克尔勉强顺从父母的心愿，于同年秋天，考上维尔茨堡大学学习医学。

"不务正业"的医学生

1852年秋天，18岁的海克尔来到维尔茨堡大学开始了他的大学生活。这所大学是当时医学科学的堡垒，许多著名的学者在这里任教。无奈海克尔对医学有着强烈的抵触情绪，他一而再，再而三地写信给父母："学医不是我的志愿。"……"对疾病的研究使我产生不可克服的厌恶（这也许是由于我的神经很脆弱，又患有多疑病的缘故）。我是永远不会适应这一行的。"

而另一方面，海克尔对植物学一直充满热爱，他甚至梦想着，将来当轮船医生，在远洋的航行里能够再追寻他的植物学爱好。只要发现一种新植物，他就高兴得了不得。一次他在信中写道："前天，我在梅茵的海滨散步，看见海船在卸货。我忽然在灌木丛间发现了一种奇异的黄色十字花科的植物，属于黑甘蓝类，但对于我则是前所未见的……您想我是多么欣喜若狂啊！"

当然他的父母是无法理解这种欣喜若狂的心情的，他们只是希望他不要因为采集植物而把学业荒疏了。海克尔很孝顺地遵从了双亲的意愿，认真学习大学课程，在这期间，他系统地接受了自然科学教育。跟著名植物学家亚历山大·布朗学习植物学，在比较解剖学、组织学、胚胎学家居利克指导下学习生理学和比较解剖学，和细胞病理学创始人微耳和学习病理解剖学。为了能更深入细致地研究解剖学，他有一段时间每顿饭只吃"酸腰子和酸牛奶汤"，用节省下来的钱买了一架显微镜。而在显微镜观察方面海克尔也显出了与众不同的品质。

"在最近一次上显微镜课的时候，"海克尔曾写信给他父母说，"雷迪格教授忽然停下来，极为惊异地指着我说：'我一辈子也没有看到过同样的情况！这个年轻人竟然能用左眼看显微镜，而同时用右眼画下他所看见的！'……"海克尔继续写道，"我身体上的这种奇怪表现，对于研究自然史竟成了最重要的因素。"在显微镜下，海克尔又领略到了微观世界中美丽的风景，长着触须的小水螅，活泼可爱的水母，姿态各异的珊瑚引起了他新的兴趣，以至把对植物学的感情都挤到一边了。

1854年夏天，海克尔终于得到一个机会能够专心致志地摆弄他的显微镜，与他喜爱的小动物们朝夕相伴了。他来到柏林跟随著名生理学家约翰·缪勒学习比较解剖学基础。同年八月他和缪勒一同考察北海的黑尔高兰岛上的低等海洋生物。这是海克尔第一次的海上旅行，他每天贪婪地采集和捕捞大量的海洋生物，并作显微镜观察。非常小的单细胞生物、水螅、水母、海星、蟹类、环节虫、鱼类、藻类，一切海水里动植物的生动而繁杂的种类，他都贪婪地领略其美丽。这次海上旅行可以说给他留下了深刻的印象，使他儿时的梦想成为现实，也影响了他今后的研究方向。他暗下决心，待结束医学学习后，便在缪勒的指导下专心从事自然科学，特别是动物学的研究。但这一计划由于缪勒的去世而未能实现。

1854 年大学毕业。1855 年，他又回到维尔茨堡。作了一段微耳和的助教，从事病理解剖学工作。1856 年，他又陪同克里克尔到尼扎作考察旅行，根据这次考察的成果，他完成了博士论文《关于河虾的组织》。1857 年，他的论文经学位考试获得通过，成为医学博士。同年 3 月 17日，他在柏林通过国家医学考试，领到开业医生证书。海克尔经过六年的刻苦学习，终于满足了父母的愿望，成了一位医生。但正像他自己所预言的那样"我是永远不会适应这一行的。"

海克尔自己就对医学很反感，认为医疗技术只是一种"碰碰运气算数"的高级骗术。他说："当你生病时，你有两条可供选择的道路：如果你想病好，你就任其自然；不然的话，如果你想死，那末就去请一个医生看看。"尽管如此，为了糊口，他现在仍然不得不暂时以行医为业。尽管他厌恶疾病，但"既然医生是我的职业，我总得尽力而为，忍受下去吧。"不过他仍然是把更多的时间用于生物学的研究，曾经在他行医的一年中，他只给三名病人看过病，这主要是由于他的看病时间是规定在早上 5 点～6 点。这一切都证明他生来就不是一块医生的材料。搞植物学，又缺乏系统的训练。一次偶然的机会使他抛开医学开始专心研究动物学。

新的追求

　　1859 年 1 月，耶拿大学的解剖学教授卡尔·盖根保尔为海克尔提供了一个将在耶拿大学任动物学教授的机会，并鼓励他去地中海开展动物学考察工作。他抓住了这个机会，说服父亲允许他休假一年，"从事旅行和一般的研究"。随后他来到西西里岛，系统研究墨西拿湾的低等海洋动物。他用了大半年的时间，捕捞"海中的稀有生物"制作许多有趣的标本。在这里他发现了放射虫类，它们是具有纤细的硅质骨骼的单细胞生物，只有在显微镜下才可看到，海克尔把它们称作"纯洁而美丽的海雪花"，并对它们进行分类。在那时，已经知道存在着 58 种放射虫，其中 50 种是约翰·缪勒曾经描写过的。海克尔这次墨西拿湾之行便发现并命名了 144 个放射虫新种。随后完成"关于根足类的界限和分目"论文，在施莱登主持下，在医学院通过讲师考试，由此获得耶拿大学动物学讲师资格。

　　海克尔很快就成为受学生喜爱的动物学教师，他讲课并不是照本宣科，大讲枯燥无味的概念，而是向学生们传授自然科学的研究方法，让学生们掌握发现问题和解决问题的方法。学生们都为这位年仅 27 岁的教师的丰富的知识所折服。海克尔讲课生动活泼，充满自信，他总是坐在一张小桌上，他的讲演声音"热烈激动，闪烁着光芒而又充满着自信"。他"讲起话来像个魔鬼，可是画起画来却像位天神"，学生们深深地被他吸引着。他很自信，似乎又有点自负，当他发表自己的主张时，从不向什么人低头，更不向任何人道歉。有一天，一位朋友问他："你最喜欢的作者是谁？"他不加思索地回答："恩斯特·海克尔。"当然他并不是目空一切的那种人，达尔文是他最喜欢、最崇拜的科学家。

　　1859 年，英国出版了一部具有划时代意义的《物种起源》巨著。在这本书中，达尔文提出了生物进化论，指出地球生活着的各种生物不是上帝的创造物，而是物竞天择，经过漫长的自然选择的结果。这一伟大的发现，被马克思誉为19世纪科学三大发现之一。而它则在欧洲引起一场科学与神学之争。由于进化论认为生物是进化而来的，从而剥夺了上帝创物的职能，它像一把利剑刺向了神学阵地的心脏，引起神学界的恐慌。他们把达尔文及其理论看成是洪水猛兽，说他的学说违犯了《创世纪》第一章的教义。同时，一些富有名望的科学家因受思想的限制，也起来反对进化论。一时间，欧洲大陆上出现了许多反达尔文的刊物和组织，他们叫嚷着要"粉碎达尔文"。凡是支持达尔文学说的人都会受到牵连。

远在德国的耶拿大学青年教师海克尔迫不及待地在几天之内读完了全书，他钦佩达尔文的超人才智。《物种起源》描述的生物进化规律使海克尔思想豁然开朗。在青少年时采集植物标本中大量存在的过渡类型，曾使他困惑不解，而如今茅塞顿开。他立刻接受了达尔文的思想，并勇敢地站出来，公开支持宣传进化论，成为德国第一个捍卫达尔文主义的生物学家。

1862年，海克尔在他对放射虫研究的基础上，出版了第一部重要著作《关于放射虫的专论》。在这本专著中，他自觉应用了进化论的方法进行研究，在对放射虫进行分类时，他又遇到许多过渡的和非典型的类型。这个问题可以用进化论来说明，各种各样由于亲属关系联系的物种，他们繁多的形状可以从一个共同的原始类型推源出来。由此他认为进化论"从一个伟大的、统一的观点对整个有机界现象作了说明和解释，并且用可以理解的自然法则代替不可理解的奇迹。"而面对达尔文学说所受到的来自各方面的攻击和污蔑，他说："如果人们想一想，比如任何一种伟大的改革，任何一种巨大的进步，它越是毫无顾虑地把根深蒂固的成见推翻，并且和统治阶级的教会进行斗争，它所遇到的抵抗就越大。这样就不会使人感到奇怪，达尔文天才的学说直到现在几乎只遇到了许多攻击和拒绝，代替了它应当得到的称赞和考验。"

正当海克尔在事业上有所成就的时候，一件不幸的事降临了。他的表妹安娜·塞思，也就是他的"才貌无双"的妻子，在海克尔30岁生日的那一天永远离开了他。这件不幸的事几乎使海克尔彻底垮掉了，有一个时期，他的朋友们甚至耽心他还能活多久。"只有工作才能使我免于发狂。"为了忘却痛苦，他忘我地投入了工作，几乎不与其他人交往，过着隐士般的生活，每天工作18个小时，只有3～4小时的睡眠。他就这样废寝忘食地工作着，一年之内写出了与他科学上的见解有关的《普通形态学》一书。这是一部长达1200页的大著作。海克尔将这本书作为一块墓碑献给了他的妻子，以表达对她的深深的怀念。并以他妻子的名字安娜命名了一种他最喜欢的水母，"她的长长的、摇曳着的触手，使我回忆起我妻子的可爱的金发。"

在《普通形态学》（两卷本）中，海克尔不仅描述了有机体的形态，而且根据达尔文进化论用系统树的形式表明生物的共同起源及以后逐渐衍化成的各种各样的生物。

在遗传学史中，海克尔是第一个论述细胞质和细胞核在细胞中的作用及其不同的功能的生物学家。他在该书第一卷中写道："在细胞里，除了细胞质外，细胞核作为活性物质在起作用，我们一定要把细胞核和细胞质一起看成是成形的物质。由于细胞核是最基本的来源，所以可认为是细胞质最初的分化因子。但是细胞质和细胞核后来又变成相互协调的部分，它们好像是地位相同的两个不同的器官，并实现不同的功能。"他认为细胞核的作用是作为遗传的物质基础，传递遗传性状；细胞质则负责细胞对外界条件的适应。这一观点后来被他的学生奥斯卡·赫特维奇和德国著名植物学家斯特劳斯伯格所证实。

在这部著作中，他还表达了自己对获得性遗传学说是坚信不移的。他写道："在有利环境下，一个生物体能把它在自己一生中通过适应而获得的全部性状，传递给它的子代，即使这些性状是它的祖先所没有的。

这类性状遗传下去的机率，由引起适应的条件所影响到的世代的数目，以及这种影响是否不断起作用所决定。园丁和农民的工作，反复证明了这一点。"

海克尔认为，生物一方面通过遗传，子代继承亲代的遗传特性；另一方面通过获得性遗传，产生物种的变异。应该指出，海克尔坚信获得性状可以遗传，没有任何实验证据。

达尔文学说的捍卫者

海克尔在他的著作中以笔为剑坚持进化论，宣传达尔文学说，同时还利用公众集会，积极演讲，使公众更深刻全面地理解生物进化论。1863 年在斯德丁举行的德国自然科学家和医师的集会上，海克尔发表了题为"关于达尔文的进化理论"的演说。在演说中，他系统地介绍了达尔文进化学说，明确指出进化论是对宗教"物种不变"论的否定，两者水火不相容，斗争是不可避免的，科学真理最终会战胜谬误。

1866 年秋天，海克尔亲赴伦敦会见了他称之为"世界上最伟大的家族之树的最伟大的家谱学专家"的达尔文。这是他一生永远不能忘记的一刻。

"我的马车停在达尔文的乡村庄园前面。这个庄园，被橡树荫庇着，沿墙还铺满了长青藤，十分幽静宜人。我看见这位伟大的科学家，从藤叶所遮盖的走廊里向我走来。他的身躯很高，令人肃然起敬；肩膀宽大，确不愧为双肩担负着一个思想世界的阿特拉斯巨人（注：希腊神话中肩负着大地的大力神）……在会谈中，他的整个脸庞显露出动人的、坦率的表情；他的声音听起来柔和而温雅；说话缓慢而有分寸，他的思路单纯而自然。这一切使我在一开始谈话时就对他钦佩得五体投地了，正如我第一次阅读他的著作时，他带有权威性的表达一下就令人豁然开朗，使我心悦诚服一样。这次的会见，也像在希腊时代崇高的圣哲，某一位苏格拉底或者亚里士多德，在我面前现身说法。"

两位伟大的生物学家彼此敬重，对一些未知的生物学问题进行热烈的讨论，海克尔就原始生命的产生和人类的起源等问题提出自己的见解。海克尔在少年时就读了达尔文的《一个自然科学家的环球旅行》，书中描述的科学探险生活，激发了小海克尔对探索自然奥秘的向往。《物种起源》一书更使年轻的海克尔为达尔文的思想所折服。如今他正面对着这位他敬慕已久的伟大的科学家，和他共同探讨自然之谜，海克尔的心被这巨大的幸福浸染着，他将以更大的热情投入到战斗中去。

离开伦敦后，海克尔考察了兰查罗特等岛上的群体水母的发育情况。1867年，他回到了耶拿。这座被群山环绕的小城市，它那弯弯曲曲的石铺街道；那歌德式建筑的塔楼；芳香袭人的小花园；一群群戴红色高帽子的尖顶小楼，使小城和谐，安宁。但在这安宁的背后，正孕育着人们思想的更大变革。基督教令它的信奉者崇拜上帝，相信世界万物都由上帝创造而成；而海克尔则向人们宣传达尔文的进化论，他告诉人们"上帝是不存在的"，生物是由原始祖先逐渐进化而来。这样公然反对上帝的存在，就是对神圣的上帝的亵渎，引起教会的仇恨和恐慌。他们对海克尔进行咒骂和人身攻击。一个英国牧师说道："达尔文的异端邪说，现在已经和人家结成一个极不神圣的三 H 同盟——Häedel（海克尔）、Huxley（赫胥黎）、Hell（地狱）。"赫胥黎在当时是达尔文思想在英国的热烈拥护者，教会把这两位支持进化论思想的科学家与地狱并列，可见对其仇恨、恐惧之深。

人们在街上对他扔石头，骂他是"耶拿的猴子教授"，当他早年对一群博物学家宣讲达尔文主义时，听众一哄而散，留下海克尔一个人对着空讲堂。还有一次，海克尔参加在罗马举行的自由思想大会，在会上他宣传了达尔文主义。为此，罗马教皇发布命令，全城进行一次"神圣大消毒运动"。所有这一切，都不能减弱海克尔宣传达尔文主义的热情，他甚至觉得自己能维护达尔文所创立的进化学说是无尚光荣的。

但是令他痛心的是，在这次会上，他所尊敬的微耳和老师也成为他的对立者，肆意攻击进化学说。微耳和在他的《现代国家的科学自由》报告中，尖锐提出人是从猿演化而来的概念还没有得到证实，是不可信的，提出应该禁止在学校里讲授进化论。

海克尔曾在微耳和的指导下，受到科学的分析、观察训练，获益非浅。一方面是自己尊敬的老师，另一方面是自己坚信不移的真理。在这种两难的境地中，海克尔为了维护达尔文主义的纯洁性，果断地撰写了一本题为《自由的科学和自由的讲授》的小册子，批驳微耳和在慕尼黑演说中的反达尔文主义的观点，并强调教育自由，不应该把达尔文进化论与政治问题混为一谈，指出禁止在学校里开设达尔文进化论课程的主张是错误的。

海克尔不仅在演讲中公开支持达尔文学说，而且还用手中的笔，出版一本又一本书，维护和宣传达尔文主义。在他的研究工作中，一方面运用进化理论对生物形态作出科学解释，一方面不断提出新理论、新证据来支持、完善生物进化论，这些理论即使在今天也还为每个生物学家所知晓。

原肠祖论：海克尔通过对各种不同的无脊椎动物研究，1872年出版了《石灰质海绵专论》，书中提出了"原肠祖论"：

①整个生物界分为单细胞的原生动物和多细胞的后生动物两大类。原生动物终生都是一个简单的细胞，后生动物的机体开始阶段为单细胞，以后则由多细胞组成。

②两类动物的繁殖和发育是根本不同的：原生动物通常通过分裂、芽生或孢子形成来进行无性繁殖；后生动物则分成雌雄两性，进行有性生殖。

③后生动物胚胎发育的开始阶段，是许多无差别的细胞的松散聚集，称之为桑椹体；桑椹体进一步变为囊胚，并最后变成原肠胚。由于海克

尔在分析无数动物形态时一再遇到原肠胚阶段，于是他得出结论：所有后生动物最初都起源于共同的祖先——原肠胚。

④由原肠胚产生的各种后生动物再进一步进化则分成古老的低级动物（既无体腔，又无血，也没有肛门，如原肠动物、海绵动物、刺胞动物以及扁虫类等）和较为后期的高级动物（两侧对称，有体腔、血和肛门，如蠕形动物，棘皮动物，软体动物，节肢动物，被囊动物和脊椎动物）。

在《石灰质海绵专论》这本书中，海克尔通过海绵品种的巨大变异性，论证物种不变的教条是毫无根据的，并为进化学说提供了理论根据。

1874年，海克尔总结了当时有关人类发生的知识，出版了《人类发展史》，后来改名为《人类的进化》。在这本著作中，海克尔指出研究人类的自然史必须要把个体发生史（或胚胎学）和种系发生史（进化科学）结合起来进行研究。同时他还进一步提供证据，来论证生物进化和人类发生的历史：

①古生物学的事实。根据古生物动物化石的记录，表明动物类型演化的历史。

②比较解剖学的证据。根据动物形态的分类，表明生物由一个共同的祖先逐渐分歧的趋向。同时，从高等动物中出现的返祖现象说明某些退化器官是远古祖先一度有用器官的退化痕迹。

③胚胎学证据。它表明高等有机体胚胎发育过程基本上是远古祖先形态的重现。海克尔发现从人类的胚胎发育过程来看，一切动物的最初发育阶段都是从没有任何器官的卵开始生命活动的，这意味着一切动物的最早的祖先是单细胞。而且在人的胚胎发育各个阶段分别出现一些比它低等的动物的特性，如出现鳃裂、尾巴等，这些特点在进一步发育中逐渐消失。这种现象海克尔在1866年出版的《普通形态学》就已描述过，在《人类的进化》中，他进一步根据胚胎学和种系发生的材料，在继承他的老师、耶拿大学教授卡尔·盖根鲍尔的生物发生原理基础上，

提出了生物发生律，亦称为重演律。他认为"生物发展史可以分为两个相互密切联系的部分，即个体发生和种系发生，也就是个体的发生历史与同一起源所产生的生物群的发展历史。个体发生是种系发生的简单而又迅速的重演。"

发生学和比较动物学的证据表明，动物最早的祖先是叫做变形虫的最低级的单细胞生物。随后其沿着这样的进化路：团藻、原肠动物、蠕形动物、两栖动物、爬行动物、哺乳动物到低级猿猴、类人猿以至人类。这是一个逐步进化的过程。

《人类的进化》出版后，在社会上引起巨大的反响，海克尔在人类起源方面的论述为进化理论提供了重要证据。以至达尔文阅读了此书后，认为此书如果早于他的《人类起源和性选择》一书之前出版的话，他就不会再写这本书了。达尔文主义者在书中找到了坚实的实验材料支持宣传进化论思想，并沿着海克尔的思想继续进行深入的研究，发展完善进化论。而进化论的反对者们则对这本书感到恐惧，他们咒骂海克尔是"异教徒"，叫嚣要禁止传播这种思想，还不断对海克尔进行威胁恐吓。

面对这一切，海克尔毫不畏缩，相反却激发了他更大的战斗热情。他把全部的精力都投入到研究工作、宣传达尔文学说上，自己却忍受着婚姻的不幸。自从海克尔第一位妻子安娜去世后，他孤单地度过了三年，为了找一个生活伴侣，他再度结了婚，并搬进了一所宽敞的乡间别墅，他把这所别墅起名为"水母庄"。这桩没有爱情的婚姻使得海克尔在"水母庄"的生活并不幸福。他与第二任妻子性格不合，又没有共同语言，他们之间没有什么交流，海克尔只是默默地做他的工作。随着一个白痴女儿的降临，以及妻子病卧床榻，更为这个不幸的家庭蒙上一层阴影。海克尔不断地受着生活的煎熬。

1898年，有一天，他收到一个不知姓名的青年女子写来的一封信。信中说："请饶恕一个陌生人的冒犯，请赐给我一点耐心。我将尽量地写得像一个女子所能做得到的那样简短……由于偶然的机会，我读到了您的一本著作《创造的故事》。在我眼前涌现出一个什么样的新世界啊……因此，看了您的书以后，我要求再多读一些，难道是奇怪吗……我尊敬的教授，请向我伸出您的手，告诉我该读什么书……"下面的签名是：佛兰西丝茄·冯·阿登豪森。

海克尔寄给她一张必读书的清单，佛兰西丝茄这位芳龄三十的女郎，在读了这些书后，被海克尔广博的知识，深邃的思想所吸引，他们不断有书信往来，交流彼此的思想，又交换了照片，他们相爱了。

"这是一件多么奇怪的事"，海克尔写道，"像你那样一个青年女郎和我这样一个老头子竟然会相亲相爱！"佛兰西丝茄回信说："不要讲你自己是老头子。在精神上，你是个年轻的上帝！"新的爱情给海克尔带来了生活的春天，他陶醉在这巨大的幸福中。在第一次会晤后，他写给她的信中说："我感谢你，因为你带来了我和你俩人相识的幸福的那值得铭记的两天……你一定会从我的侷促不安的动作中看出，你惠然而来，已经把我的生活中的平凡和宁静弄成七颠八倒——天上的神女用盎然的春天气息为我这个可怜的寂寞的俘虏的陋室，带来了万紫千红的芳馨。"

在又一次会晤后，佛兰西丝茄写信给海克尔说："我们在一起的亲密的日子看来如同一场美梦，就怕太美好了，难以长久。在回忆中，这个梦仍然像魔术般拥抱着我，使我无法用语言形容我又是怎样地回肠荡气。请莫忘这一点——在那短短几小时中，你变得比过去任何时候都更加更加亲爱了。"

这次热恋给海克尔带来了幸福，同时又使他深感内疚，觉得自己欺骗妻子，对妻子不忠。他在两难之间痛苦地挣扎着，以至有一个时期，他总想自杀。为了躲避烦恼，他决定到印度洋作一次旅行。"最亲爱的佛兰西丝茄，我最心爱的妻子，我离开了家到热带去了。我避开了你和我自己。你和我，确是只为彼此而生到世界上来，那么难得见到，那么不同寻常的一对灵魂。我们如果分开生活，就只能成为两个游魂而终此一生……"

但是旅行并没能使海克尔摆脱相思之苦，他又回到了家。他在无可奈何中等待，也许久病的妻子会给他自由的那一天。可是一个冬天的早晨，海克尔收到一封从乌尔苏拉的养老院来的电报："我的姐姐佛兰西丝茄突然于昨天夜里去世了。"这令海克尔那么痛苦，他与佛兰西丝茄五年的热恋从此只能留在他的记忆中了。

《宇宙之谜》

1899年秋，海克尔的名著《宇宙之谜》在德国出版。这本书是他所有的科学和哲学思想的总结。

海克尔坚持一元论的哲学思想，认为宇宙中只有一个"唯一的实体"，即物质的物质世界和非物质的精神世界构成一个单一的不可分割的和包罗万象的宇宙，一个实体世界。海克尔认为世界并不是由一个外在的上帝所创造出来的，世界是"物质变化通过一条从因到果，连绵不断的锁链所构成的一项伟大的进化过程"的结果。这就是海克尔所主张的一元论，即整个宇宙是一个单一的单元，所有生物——一切植物和动物——从最原始的细胞到现代的人类——共同形成了一个单一的遗传之树，在这个世界中"上帝是不存在的"。他提出"实体的三位一体"概念，认为一切物体都有三个属性，即物质、能和形状。由此产生研究物质的化学，研究能量的物理学以及研究形状的形态学。这些科学的每一门又可分为三个分支，例如，形态学可分为动物、植物及简单的单细胞动物、原生物的研究。海克尔用他的三分法对自然界的一切事物进行了分类。

《宇宙之谜》出版后，在社会上产生强烈的影响，很快被译成各国文字。1908年已有18种不同文字的译本，到1918年已增加到24种文字，发行了几十万册。同时，还出版了该书低廉的特价版本，流传广泛，影响深远。书出版后，海克尔收到了几千封热情洋溢支持他的信。列宁称这本书已经"深入了民间"，他一下子争取了大批读者，并在"一切文明国家中掀起了一场大风波"。"海克尔这本书的每一页对于整个教授哲学和神学的'神圣'教义说来，都是一记耳光。"所以必然遭到反动教授和神学家们的疯狂攻击。他们以书评的形式诋毁和诽谤海克尔，辱骂他是"狗"、"渎神者"、"猴子"等。更有甚者，有人把一块大石头扔进海克尔的工作室，妄图谋害海克尔。他走在街上会有人对他扔石头。他曾经不止一次向大学提出辞职，"这样，你们可以避免一个包庇异教徒的罪名。"但是，耶拿大学行政负责人西贝克博士总是拒绝他的请求，"我不喜欢你的思想，但正是由于这个理由，我才坚持你呆在这里，在一个小大学，你只能发生小影响，但在一个大的大学，你就会大害其人……而且，你年纪大了，就不会那么激烈了。"

可是，事实证明，海克尔并没有像这位负责人所期望的那样随着年龄的增长而减弱斗志，相反他像一个真正的勇士，越战越勇。通过他的努力，达尔文的进化论在德国被越来越多的人所接受。在他 74 岁高龄时，还不辞劳苦亲手筹建第一个宣传进化论的博物馆——德国种系发生博物馆，并继续从事有关的科学研究工作和进行一系列社会活动。

海克尔是一位活跃的科学——社会活动家，他不仅写了大量的科学著作和做了大量的通俗科学讲演，而且还参加了许多科学团体。如慕尼黑的巴伐利亚科学院，都灵的皇家科学院，维也纳的帝国科学院，斯德哥尔摩的瑞典皇家科学院，米兰的伦巴第皇家科学与文学院，美国哲学学会，爱丁堡皇家学会，博洛尼亚皇家科学院等。他一生参加的科学学会和科学院共有 90 多个。

海克尔是德国 19 世纪的杰出人物之一，他的一生是战斗的一生，由他引起的一场深刻而又持久的社会大争论，影响了一代年轻的科学工作者，使他们积极把自己在动物学（主要是实验动物学）方面的工作融合到达尔文主义的体系中去，促进进化论思想的发展，同时努力地建立起有关的生物学理论。正如弗兰茨·梅林曾经评价海克尔说："如此，海克尔虽然没有在葡萄园里找到他要去掘的宝藏，但是他把葡萄园很卖力气的翻掘了，消除了许多野草，种植了许多丰产的葡萄树。"

1919年4月9日在耶拿的美杜萨别墅（即今天的恩斯特·海克尔博物馆），这位科学勇士终于长眠不起了，他在死前的几天写道，"人生之谜，仍然找不出答案来。但是，让我们无所畏惧地继续向前吧！"

（赵云鲜）

创造新植物的魔术师布尔班克

每一个看过魔术表演的人，都为魔术师精湛的演技惊叹不已：他们能从宽大的袍子里端出一罐水来，里面还有金鱼游来游去；他们的两手在空中一挥就能变出长长的彩带，两手一合彩带忽然变成一束美丽的鲜花；他们还能让空空如也的箱子里飞出美丽的白鸽……真是变化莫测！可是，无论魔术师怎么变，他们变出来的东西都是世界上本来就有的，如金鱼、鲜花、白鸽，这些都是我们早已熟悉的。又有哪位魔术师能像布尔班克那样，变出地球上从来没有过的东西，为植物世界增添了一个又一个新的成员。谁也不知道这位美国卓越的植物育种家给人类究竟培育了多少种新奇的植物，因此，人们把布尔班克称为奇异的"植物魔术师"是很自然的。

最初的尝试

1849 年 3 月 7 日，路得·布尔班克出生于美国东部马萨诸塞州乌斯特县兰卡斯特镇。父亲撒姆尔·布尔班克是一位农场主，为人诚实、正直，他一生在那 80 公顷大的农场里勤劳地耕作。母亲阿丽弗·布尔班克是位十分善良和勤劳的妇女，性情温柔，十分热爱大自然，具有一种诗人的气质。她的这一禀性似乎也遗传给了小布尔班克，影响了布尔班克对花卉的热爱。据说，布尔班克还在婴儿时期便喜欢花花草草。布尔班克还有一位多才的姐姐爱玛·露意莎。布尔班克曾说，他的父亲、母亲和姐姐是他一生中最大的鼓舞力量。

布尔班克生长于乡间，田野是他最好的课堂，他不喜欢学校里枯燥无味的刻板式教育，而喜欢在森林中漫步，在田野间采花，在阳光下游戏。盛开的雏菊花，香甜可口的栗子，美丽的蝴蝶，这一切使布尔班克从小就对大自然产生了深厚的感情。对大自然的热爱，激发了他对自然世界奥秘进行探索的兴趣。布尔班克在自然科学方面的素养还得益于他的两位亲戚。布尔班克的堂兄列·沙·布尔班克教授是一个非常爱好科学的人，他们经常在林中散步，这使布尔班克从堂兄那里学到了许多关于岩石、花卉和树木的名称。另外，他的一位叔父，也是科学家。通过叔父，他会见了当时著名的自然科学家罗易斯·阿格西斯。这位学者向布尔班克介绍了植物生长的复杂过程，如植物要形成种子必须要有花粉进行授粉，而花粉是由昆虫、鸟、还有田野的风帮助传播的。小布尔班克深深地被大自然的美妙神奇迷住了，探索奇妙的植物世界的理想像一颗种子埋在他的心中。

布尔班克上学很早，在当地乡下念了几年书，后来进了兰卡斯特学院。这是一所程度很高的预备学校，聪明好学的布尔班克在这个学院里从第一学期起就一直名列前茅，被评为优秀学生。他不仅用心学习老师所讲的知识，而且兴趣广泛，他知识丰富就连一般的大学生都赶不上。他还特别爱好机械和制图，经常自己进行机械设计，在当地小有名气。他在 16 岁～18 岁期间，曾帮助在乌斯特镇的阿姆斯制造公司制造了一架自动拖拉机。这架拖拉机用蒸汽作动力，用两匹马引导方向。在新式拖拉机出现以前，布尔班克设计的拖拉机在当地得到广泛的应用，人们用它拉农产品和各种货物，在当地运输业上发挥了很大作用。后来他曾在一家木器制造厂当木工，发明过旋木机。厂里对他的工作非常满意，希望他能留下来长期工作。种种迹象表明，布尔班克确有机械制造的才干，他很可能成为一位机械发明大师，但由于他体质脆弱，实在不能适应机械制造这种职业，受不了机械制造厂里的粉尘对他健康的损害。在家人的劝说下他离开了工厂，放弃了在机械设计上的进一步发展，而改去学医。但不幸的是，当他读完一年级的时候，父亲去世了，这一突如奇来的事情改变了他继续念书及做医生的想法。作为家中唯一的男孩，他得担负起养家糊口的责任。他被迫中断了学业，但他在医学院学到的有关医学生理学方面的知识，对布尔班克日后的植物育种试验是有帮助的。

布尔班克回到了父亲原来经营的农场，在农场劳作，天天和田野里的植物打交道，这似乎又唤起了他儿时对大自然的热爱，立志探索大自然奥秘的种子在他心中萌发了。在布尔班克的童年时代，美国社会正酝酿着一次大的动荡。1861 年～1865 年爆发了美国历史上著名的南北战争。在此之前，1859 年达尔文出版了《物种起源》一书。达尔文所宣扬的生物进化的思想在知识界、宗教界乃至整个社会引起了争论。此时的布尔班克只有 10 岁。当时全世界的人们都在以极大的热忱传播着《物种起源》这本书所阐述的生物进化的光辉思想，即使是在乡村的人们对达尔文的名字也不陌生。布尔班克的父亲有时请牧师或教师到家中吃饭，他们就常常谈论这方面的事情。小布尔班克生性腼腆，怕见生人，但他却希望客人们到家里来，他总是以极大的兴趣陶醉在大人们的谈话中。虽然他不能完全理解大人们的谈话，但他对生物进化很感兴趣，深深受到达尔文思想的影响。这时候，在他独立经营农场的时候，达尔文的书重新激起了布尔班克的热情。后来当他谈到1868年出版的达尔文《动植物在家养条件下的变异》一书时说："这本书不单鼓励了我，也迫使我采取行动。它激起了我的幻想，使我洞察了植物界的情形，并且在我的心中引起了一种强烈的欲望，即到田野中去，为书中仅仅提示的那些问题寻找答案。"

在达尔文思想的影响下，年轻的布尔班克开始按照自己的理想去塑造植物的最初尝试。他在卢森堡买了7公顷土地，开办了一个小型农场，经营蔬菜果品和种子生意。这里既是他的生产基地，又是他的实验园地。布尔班克最初的一些试验是以玉蜀黍和豆类进行的。为了满足提早上市的需要，他改进了栽培甜玉米的方法：将种子提前催芽，提早播种。布尔班克像一个初次远航的探险家，对植物育种没有什么经验，但一种强烈的好奇心促使他不断地探求植物的奥秘。

世界上绝大多数植物都是通过开花、结果来繁殖后代的。但是有些植物由于成为人类喜爱的食物，在人类漫长的栽培演变中渐渐地不能开花结籽了。马铃薯就是这样一种植物。人们喜欢吃马铃薯肥厚多汁的地下块茎，并且用带芽的块茎来种植，而不是用它们的种子。所以长期的人工选择，使栽培的马铃薯大多不会开花。偶尔也会有极个别的还没有完全忘记祖先繁殖方式的植株开花结籽。一天，布尔班克在马铃薯地里工作，忽然发现有一株马铃薯结了一个种子球。这一发现使他喜出望外，于是他几乎是天天都去地里看这个种子球长大了没有，他盼着这个种子球赶快成熟。但是，有一天布尔班克再去看它的时候，却发现它不翼而飞了。他在植株周围找来找去，结果什么也没找到。布尔班克只好失望地回家了。到家以后，他又仔细想了想，园子从来没有人进去过，不会是有人摘去的，很可能是什么小动物把它碰掉了，或者是小鸟把它衔到什么地方了。想到这儿，他立刻又回到园子里耐心细致地搜寻，终于在距离那棵马铃薯不远的地方找到了那个失去的种子球。布尔班克捧着这个失而复得的种子球，兴高采烈地把它带回家里。他小心翼翼地剥开种子球，里面的种子都已完全成熟，一共有 23 粒，每一粒种子非常细小，只有针头那么大。布尔班克把这些种子播种下去，几天后，每粒种子都萌发了，长出了嫩绿的叶子，它们越长越大，在地下长满了大大小小的块茎。到了收获的季节，布尔班克把它们从地里挖出来。这些马铃薯的形状各式各样，有的表皮呈紫色，有的有深深的芽眼……其中有一株马铃薯上的块茎长得特别大，而且表面光滑呈白色。这样的马铃薯布尔班克从没见过，它的各方面品质都超过了他曾经看到过的任何马铃薯。于是他用这种马铃薯的块茎进行繁殖。并把这种新型马铃薯卖给了马萨诸塞州的种子商葛里高利。葛里高利把这种从未有过的品种称为"布尔班克马铃薯"，这种马铃薯比一般马铃薯单位面积产量高二三倍。据估计，一年增加的产量就值数百万元。从 1875 年开始种植这种马铃薯到 1921 年半个世纪中，收获的马铃薯足可以装满长达 23331 千米的一列火车，这列火车可以绕地球半圈而有余。

这种新型马铃薯使布尔班克初负盛名，同时也给他带来了一笔财富。此时的布尔班克只有 21 岁，也许像这样发展下去，用不了多久布尔班克就会成为一位大富翁。但是他并无意于拥有多少财富，而更钟情于植物育种。他认为植物育种就有"产生新的植物类型，以求改进人类的衣、食、住，并且创造有新香味和新颜色的花以便使生命更加美好。"

建设新家园

为了"使生命更加美好、"这个理想，布尔班克不断开展培育新植物的工作。但是马萨诸塞州严酷的自然条件限制了他努力从事的工作。过短的生长季节和漫长寒冷的冬天使这里的植物生长缓慢，要培育出一种新品种需要几年的时间，而且能在这种环境生长的植物也不多。布尔班克认为"在一个人的一生中，时间是不可能增加的，但是避免浪费它就会变得更有价值。"要和时间赛跑，布尔班克决定搬到西部太平洋沿岸的加利福尼亚，去进行他的实验工作。他用卖"布尔班克马铃薯"赚的钱买了火车票。火车卧铺票很贵，布尔班克买不起，他只能夹在普通旅客中。在路上，由于火车经常在途中停留，而且往往一停就是一整天，广阔的平原荒无人烟，布尔班克便把自己带的食物分给其他旅客，使他们免受饥饿。火车经过十多天的长途跋涉，终于把布尔班克送到加利福尼亚。在圣罗萨，布尔班克找到了他理想的工作环境。他在给母亲和姐姐的信中写道：

"圣罗萨位于一个异常肥沃的山谷中，山谷的面积有 200 平方千米。我深信，根据我已经看到的情形来说，从自然条件看这里是世界上最好的一块地方。这里的气候是再好不过了；空气是如此清新，以致吸入它时使人感到愉快；这里的阳光明媚而柔和。

环绕山谷的那些山是美丽的，山谷中生着一些高大的栎树，其优美的布置不是人手所能安排的。我无法形容这里的风景。当我由山边眺望这个美丽的山谷时，我高兴得几乎流出眼泪来了。

加利福尼亚的花园中充满了半热带植物、棕榈、无花果树、桔树、葡萄，等等。爬过房子的巨大蔷薇树有 9 米多高，上面满生着各种颜色的蕾和花；花是丛生的，每丛有 20 朵～60 朵，好像葡萄串一样（我很想摘一大堆花放在你的围裙中）。大树上爬满了英国常春藤，到处都有花。

前院中的吊钟海棠高 3.7 米，上面开满了各种颜色的花，看到它时我能不高兴么？这里有威灵仙树和天竹葵树，鸟的歌声和各种情形都像一个美丽的春天。

这里生长着澳大利亚的蓝胶树，它在五六年之后便可以长到 23 米高，山上野生着忍冬、雪莓，等等。比较美丽的植物是如此之多，以致它们都被人忽视了。

我把一切时间都用在向四面八方的散步上了，但没有看到一处未经自然创造得非常美丽的地方。

今天我作了一次长距离的散步，在半公顷左右的一块野地上，我找到的奇异植物足可以使一个植物学家发狂。"

虽然这是一个令他振奋、发狂的土地，完全符合他所需要的条件，但这是一块完全陌生的土地，他没有足够的资金开展工作。虽然堂兄们愿意帮助这个有志气的年轻人，但是这个具有新英格兰人那种在困难面前顽强奋斗品格的布尔班克，不愿意向别人借钱，更不愿让别人承担失败的风险，他决心通过自己艰苦劳动创建自己的事业。他用自己一点微薄的资本建立了一个小小的苗圃。白天，他靠做木工维持生活；傍晚，在苗圃里劳动，培育果苗。这时的布尔班克只有 26 岁。

圣罗萨当时是个产麦区，人们不知道果树也能在这里生长得很好。布尔班克在苗圃里试种果树，获得成功。渐渐地他有了名气。1881 年 3 月，托马列斯有一位富商叫达顿，他想大规模栽植制果干用的李树，而且还要在很短的时间内把果园建成。于是他来找布尔班克，希望能在当年秋天提供 2 万棵李树苗。这看来是绝无可能实现的，但布尔班克想了想就答应了，并签定了合同。

布尔班克立刻开始了工作。他先从市场上买来扁桃种子，把它们播种在苗床上，14 天以后扁桃萌发了，他再把这些幼苗移植到地里，等扁桃的实生苗长到一定粗度后，就用李树的芽子进行芽接。由于扁桃和李树亲和力很强，10 天左右，李树的芽子和扁桃砧木很好地愈合在一起。他把扁桃树苗的顶梢折弯，使之失去顶端优势，使养料集中输送给李树芽，促使李芽萌发。当李树芽长到 30 厘米高时，再把接口上方的扁桃苗剪去。到 12 月 1 日，所有的李树苗都达到出圃标准。这样从 3

月到 12 月，布尔班克只用了 8 个月的时间就把 2 万棵李树苗按期交给达顿。这个惊人的事迹立刻使布尔班克声名远扬，布尔班克重信誉、重质量，每棵树苗出圃时都保证质量，这使他享有很高的声誉，到这里购买果树苗的人越来越多。当时流行着这样的笑话，如果找人找不着时，人们就会说："啊，如果你在镇上找不到他，你大概会在布尔班克家里看到他，也许他在那里等候什么树呢！"

随着事业的逐步发展，布尔班克需要更多的土地开展他的实验。他买下圣罗萨谷正中央的那 1 公顷多地，这是一块十分贫脊的土地，没有人认为它会有什么价值。布尔班克在地下安放瓦管，排去地里的水，又把 1800 车厩肥深深地施进地里，使这片荒芜的土地变成肥沃的良田。用布尔班克自己的话说，这块地"是用聪明和知识取得的，不是花许多钱买来的。" 1885 年年底，在距离圣罗萨不远的塞巴斯托堡的地方，他又买了一个 7 公顷多的农场，他把它命名为"金岭"农场。这是他的实验园地。布尔班克在这里栽植了各种各样的植物，它们来自世界各个国家。中国、日本、朝鲜、菲律宾、印度、新西兰、澳大利亚、哥伦比亚、巴西、智利、阿根廷、墨西哥、法国、西伯利亚、阿拉斯加、南非、北非各个地方的植物都可以在这里找到，这里简直就是一座世界植物园。这里生长的各种植物，其数目可能比世界上任何同样大的一块地上曾经生长过的植物都要多。在这里，布尔班克用他聪明的才智和灵巧的手把许许多多新奇的植物魔术般地创造了出来。

魔术师的创造

布尔班克植物育种的主要方法是杂交和选择：通过杂交，可以把不同植物类型的遗传基因结合在新的世代中，并通过遗传基因的分离和重组，在后代创造出新的变异类型；通过不断选择那些对人类有用的变异类型，培育出新品种。一天，植物学家弗莱斯教授和一位著名的果树栽培学家一同来到金岭农场。他们站在一棵李树旁边，弗莱斯教授请那位果树学家切开一只李的果实。那位果树学家用刀子小心翼翼地切，尽可能避开果实中心，以免遇到坚硬的核。可是当刀子最后切穿李的中心而没有碰到任何阻碍时，那位果树栽培学家惊讶得目瞪口呆。原来这是布尔班克新培育出的无核李。由于果实在生长核和种仁上要消耗大量的养料，除去种核和种仁，可以使果实节约营养，果肉会长得更大，也更好吃。布尔班克把这项工作诙谐地称为"教导植物节约的一个实验"。

另外一种干果——栗子，也是人们喜爱的食物。布尔班克小时候在父亲的树林中常和小伙伴们一起摘栗子吃。他发现有的栗树结的栗子大，果皮深褐色而有光泽，里面的种仁甜美可口；而有的栗树结的果小，果实扁平，灰色，也不好吃。这种差异在他脑子里留下深刻的印象，他决心要培育出结果又大又多的新栗树。布尔班克用日本栗和欧洲栗以及两种美洲栗依次经过多次杂交，终于得到具有各种栗的优良遗传特性的栗树。这种栗与其称之为树，还不如说它是一种灌木；一般的栗树是一种高大的乔木，而这些栗树还不到 1 米高，播种当年就开花结果，果实大而饱满，而且有些还连续不断地结果。

本世纪初，美国栗树栽培史上发生过一件不幸的事。纽约城附近的栗树感染上一种疫病——胴枯病，得病的栗树很快就会死亡。这种病逐渐蔓延，大批栗树死亡。原来引起胴枯病的病菌原产于中国，所有东方栗树都有免疫力，得了这种病不会死亡，只是在树皮上产生癌肿。但美国本土栗树不具免疫力，不到十年，全美国 80% 的栗树染病死亡。而布尔班克杂交培育的栗树，由于有日本栗的血统，对这种疾病有高度免疫力。正是这种栗挽救了美国的栗子的生产。

布尔班克还创造了一种无刺仙人掌。仙人掌生长在沙漠中，由于适应沙漠干燥的气候，它们的叶子都变成了坚硬的刺，既可以减少水分的散失，又可以防止动物的骚扰。但它们的茎却贮满了水分，肥嫩多汁，是生活在沙漠里的人们和动物主要的水的来源。在某些干旱地区，牧场上的马和牛从来没见过水，它们根本不知道水是什么，即使在它们面前放上一桶水，它们也不知道喝，它们是靠仙人掌维持生活的，仙人掌还是人们喜爱的食物。可是它们身上长满了刺，要是能把这些刺去掉该有多好！为了这个愿望，布尔班克忍受着挨扎的疼痛，在仙人掌丛中忙碌着。他花了 15 年的时间终于成功地培育了"无刺仙人掌"，这种仙人掌平滑得像手掌一样，仙人掌片上的那些刺经过布尔班克多代的选择已经除去了。这种仙人掌最先被澳大利亚鲁特兰德引入南半球栽培，随后又被引种北半球，第一次世界大战前，无刺仙人掌几乎传遍了世界各地。无刺仙人掌繁殖容易，产量高，每公倾可收 8 吨～12 吨，是牲畜的优质饲料。同时，这种仙人掌的果实（又叫仙人掌梨）又多又大，味道鲜美，既可生吃，又可制作糖果糕点。正是靠着布尔班克培育的仙人掌，印度的许多地区的人们才度过荒年。

布尔班克为人们培育出了一个又一个新品种的植物，为了"使生命更加美好"的理想付诸实现，不断地辛勤地劳作着，为大自然增添新的美丽。他把从老家马萨诸塞州带来的牛眼雏菊的种子播种在圣罗萨的土地上。布尔班克非常喜欢这种可爱的小花，儿童时代就经常采集这些野花。它的花虽然小，但姿态优雅，而且是白色的。布尔班克希望能培育出一种开大花的、姿态妩媚的、纯白色的雏菊。他用这种雏菊和另外两种外国雏菊进行杂交，一种是英国来迦勒雏菊；另一种是德国湖沾菊。五六年后，他得到一种新雏菊，它们更大、更美，那白色的花朵更是惹人喜爱。布尔班克在园子里种了一行。有一天，一个美术家来到这里，她在这行纯白色雏菊中指出有一株要比其余的白得多。于是布尔班克用这株最白的雏菊和纯白色的日本雏菊杂交，终于去掉了花瓣中最后一点点杂色，得到了洁白无瑕的"沙斯塔"雏菊。它们优雅动人的风姿超过了其他任何一种雏菊，而且开花早，花期长，成为一种公园和花园中受人宠爱的植物，人们还把它插在瓶中装点居室。

布尔班克是一位真正的魔术师，奇迹不断在他的手中诞生，他创造了许多地球上从未有过的植物。他将李和杏进行远缘杂交，培育出了"李——杏"杂种，这是一个崭新的物种，它的果实具有杏的天鹅绒般美丽的果皮，果皮上覆盖着李特有的果粉。这种树的外貌也是既像李树又像杏树，一位园艺家面对这个奇异的杂种植株，一会儿说这是李树，一会儿又说是杏树，但最后他不得不承认这是李和杏产生的杂种，是世界上从来没有过的新植物。布尔班克培育出了一种变色石竹，花的颜色在一天中会不断变化，早晨初开时呈雪白色，到了中午变成了鲜艳的粉红色，傍晚时又呈现深红色。一般的花直径大于 15 厘米就称得上是大花，而布尔班克培育出的巨型孤挺花直径达 25 厘米以上，有的甚至有30 厘米，它令它的亲本们相形见拙，而且还开花早，第二年就开花，而一般孤挺花三四年才能开花，他把开花所需的时间缩短了一半。水芋是一种观赏植物，它有美丽的变形叶，但它却散发出一种霉烂的臭气，惹得苍蝇常来光顾，这真是大煞风景，要是有一种外形好看，有香味的水芋该多好！布尔班克耐心地搜寻着能散发香气的水芋，收集种子，播种，再筛选，经过几年的时间终于得到一种芳香浓郁的"芳香水芋"；接着，他把同样的工作运用到马鞭草上，经过多代选择，他终于除掉马鞭草的臭气，得到浓香扑鼻的"五月花"。好些香料专家认为它们在香料制造业上具有异常的价值。

布尔班克创造的奇迹，引得各地的人们前来参观。每个来到布尔班克花园里的人都会为他们眼前新奇的植物惊叹不已。这里有叶子上有多种颜色的彩虹玉蜀黍，有白色黑莓和无刺黑莓……在这里似乎什么奇迹都有可能出现，而布尔班克究竟创造了多少品种，没有人做过精确的统计。单以他培育的李树品种来说就有 70 多种，有布尔班克李、萨摩血红杏、威克森李、圣罗萨李、台湾李、美人李、巨型干用李、珍珠干用李、优等干用李、标准干用李以及无核的胜利干用李……还有其他许多植物，多不胜数。

成功的秘诀

布尔班克培育了这么多植物新品种，人们不禁要问他是怎样取得成功的呢？布尔班克会很诙谐地回答你，这是自然告诉他的。他写道：

"在我的一生中，我至少遇到过一次特别的机会，我听到了别人拒绝听、或模糊地听到的一个秘密。毫无疑问，自然曾在许多人的耳旁悄悄地或半悄悄地泄露过这个秘密。但是自然以极大的声音在我的耳旁坚持不断地唱出了这一秘密。

自然一次再次地告诉了我，直到我不得不听信时为止。这个秘密是：

动物和植物的新种常起源于旧有物种的杂交。"

敏锐地洞察自然界是成功路上重要的一步，而成功也离不开辛勤的耕耘。要在短时期内培育出众多高质量的新型植物，必须要进行大规模的杂交育种实验。布尔班克一生做的实验超过十万个，他总是同时用几十种植物进行实验，有些时候他同时进行的实验甚至有 3000 个～5000 个之多。在这些成千上万的实验中也只有几百个取得成功。

同时进行这么多的实验，需要育种家有旺盛的精力，高度的智慧，敏锐的观察和准确的判断。有一次，一位来访的客人问布尔班克用了多少助手，布尔班克风趣地回答说："我想，今天早晨约有十万。"客人找了半天，却发现只有七八个工人在忙碌，他对布尔班克的回答迷惑不解。布尔班克指着花丛中飞来飞去的蜜蜂说："它们也是我的助手。"原来蜜蜂采蜜具有专一性，一段时间它只采一种花蜜，由于这个原因人们才能品尝到不同风味的蜂蜜，布尔班克也利用蜜蜂这一特性来帮助他进行大量的授粉杂交工作。还有风、昆虫、鸟儿及其他动物的活动都可以给植物授粉，布尔班克李和萨摩李的实生苗就是这些自然授粉的产物。

在成千上万株实生苗中，要挑选出符合人们需要的理想的植株，更是一件艰苦而重要的工作。这需要有准确的判断力。面对几千棵、几万棵实生苗，布尔班克常常是在一瞥之间发现目标。一次在挑选李树苗时，布尔班克沿着一行李树迅速地走着，边走边说："除掉这棵，那棵和那棵，留下这棵和那边的一棵。"他判断速度之快以致使跟随他的两三个助手几乎来不及给那些选定的植株挂签。忙中容易出错，许多人对布尔班克这种挑选方式表示怀疑。一位热心园艺的法官对他说："像那样的挑法，你无法知道哪些是好的，哪些是坏的。"为了证实他的观点，法官从布尔班克挑后分成三堆的实生苗中各取了若干个做试验。几年后，他终于承认，布尔班克的选择是完全正确的。

而布尔班克却不认为自己的感官与其他人的感觉有什么不同，只不过是经验多一些罢了，他谦虚地说："……可能是因为我要经常注意到许多微小的差异，比起别人来，我用我的味觉、嗅觉和视觉用得多了。所以我的感官现在能够反应得比较快而已。"的确，经过多年的植物育种实践，布尔班克有丰富的经验，他能从幼小实生苗的某些特征预见到它们的未来。如果幼苗有宽大肥厚的叶子就预示着它会结大的果实，叶子和茎上的颜色也预示了果实表皮的色泽。通过选优汰劣，在上万株的实生苗中常常只有几株合乎理想的植株，为了节约土地和人力，布尔班克把毫无价值的植株毫不留情地消灭掉，而不是把这些次品便宜地卖给顾客，损害顾客的利益。在每次挑选之后，布尔班克和他的助手们把淘汰的实生苗堆成小山，然后放火焚烧。这是一个十分壮观的场面，邻居们称作是布尔班克的"万金篝火"。在培育李树的过程中，他毁掉700多万株实生苗，而留下的只不过十万分之一。在50万株雏菊苗中，他最后只挑选了沙斯塔雏菊，其余的都毁掉了。而65000棵黑莓中只留下六七个优良个体。但是布尔班克却认为这样做是值得的，因为他需要大量的土地开展新的实验，他要充分利用金岭农场的7公顷多的土地。另外，他不希望人们种植那些不合格的实生苗，他要把具有最优秀品质的植物带给人们。为了经济利用土地，同时也是为了使实生苗提早结果，布尔班克经常把入选的实生苗的枝或芽嫁接在大树上，一棵树上往往嫁接几百种甚至上千个品种。到秋天，上面挂满了各种各样的果实，吸引了不少来访者。

布尔班克天天在他的园子里忙碌着，不断地进行新的实验，创造了丰富的植物新品种。1893 年 6 月，他出版了一本小册子《果树和花卉中的新创造物》。在这只有 15 页的小册子里，记载了他在此以前培育的植物品种。由于这本举世无双的植物育种成果目录，使他获得世界著名植物育种学家的美誉。布尔班克没有在什么大学受过正规的植物学训练，也没有受过名师的教导，他最好的老师就是书籍和实践。在他的书房里有近 1000 册有关植物育种知识的书，他不断地从这些书里汲取营养，并在他的实验田里进行实验。白天他忙于田间的观察实验，晚上从事写作。1920 年在布尔班克 71 岁时终于写成了《如何培育植物为人类服务》这本巨著。该书第二年出版，全书共分八卷。书中记载了布尔班克几十年来实验工作和总结的经验，是活生生的科学成果的真实记录。布尔班克说："科学使我们预见到更好的谷类、坚果、果实和蔬菜，它们都有新的形状、大小、颜色和风味，有更多的营养成分和更少的废物，不含各种有害和有毒的物质，并且能够抵抗太阳、风、雨、霜、毁灭性的病菌和害虫。将来会有无核、无刺和无子的果实，也会有能够产生更好的纤维、咖啡、茶、香料、橡胶、油脂、纸和木材的树，能够产生更好的糖、淀粉以及有更好的颜色和香味的植物。每一种这样的植物以及无数其他的植物都可以用植物育种中最普遍的技巧创造。"半个多世纪以来，布尔班克的理想和工作方法一直启发和鼓舞着全世界千千万万的植物育种家。

坚持真理

布尔班克童年的时候，正是达尔文思想广泛传播的时候，布尔班克从小受到进化论思想的熏陶。通过人工选择，可以创造出对人类有用的动物和植物。基于这一理论，他不断进行育种实验，挑选合乎人们需要的植物：能结更大的果实，开更美丽的花，还能散发迷人的花香……这些在布尔班克农场里诞生的新品种，给人们带来了财富，也带来了美的享受。

但是，坚信上帝是万物的创物主的教会对布尔班克的植物育种实验深感恐慌。他们害怕布尔班克的育种理论代替创物主的位置，于是到处宣讲布尔班克的实验是完全违反上帝的意志的。这似乎对布尔班克毫无影响，他很少到教堂去做礼拜，自然的法规比虚无的上帝更有力量。于是教会准备对他进行一次特别的"教育"。一次，有人请布尔班克去听一位牧师的讲道。虽然到圣罗萨定居几年他都很少到教堂去，但对于好心的邀请，这次他不能不去。走进教堂，他本打算在后排找一个不引人注目的座位坐下，可是招待员走过来，不让他坐后排而把他引到前排正中间，并且让他独自占了一个座席。讲道开始了，牧师满怀激情地赞美上帝的伟大，上帝创造了万物，任何企图改造全能者创造的东西的人将会受到可怕的惩罚，企图改进至善只能受到嘲笑。他最后告诫人们上帝的安排是"周密的"，"不要干涉上帝的植物"。很显然，这次宣讲的内容完全是针对布尔班克的。面对牧师的恐吓的言词，布尔班克毫不在乎，但他却看到他们对自然科学的无知与蒙昧，觉得他们才是最可怜的。自然界每天在进行多少次植物杂交实验，忙碌的蜜蜂、蝴蝶还有风都是传粉的使者。而布尔班克的工作不过是有意识地进行植物杂交，使植物产生有利于人类的新性状，并加快这一形成过程。

布尔班克继续勤奋地工作，并用事实告诉人们真理，宣传达尔文学说。当时正是教会极力扼杀、抵毁达尔文进化论的时候，任何支持、宣传达尔文思想的人，都会被判为异教徒并受到教会的惩罚。1925年，在美国田纳西州的达顿城，有个名叫斯科普斯的青年教师，因为在课堂上讲授了达尔文的物种起源和人类起源于猿的学说，被学生的家长提出诉讼。田纳西州法院审讯斯科普斯，并判他有罪，交罚金100美元。这一事件被称为"猴子案件"。

面对教会对科学真理的践踏，一向谦逊温和的布尔班克却挺身而出，向宗教势力设下的禁区发起了英勇的攻击。这是一个阴云密布的星期天，美国旧金山一座最大的教堂里正做着礼拜。骨瘦如柴的神父站在拱门下，唾沫飞溅地宣扬着万能的上帝和恐怖的地狱。这时，一位身材不高，行动敏捷的老人挤开人群，迅速地走到祭坛上。台下的人们都惊恐地叫着："布尔班克！布尔班克！"他就是布尔班克，他站在祭坛上，用炯炯发光的眼睛扫视人群，激愤地说："朋友们，达顿城正在审判斯科普斯。是的，他们不是猴子，可是他们比任何一种猴子要坏上百万倍。"布尔班克痛斥教会的愚昧与丑恶，宣讲着达尔文思想。他大声疾呼："我们需要真理，无论是在科学方面，或者在生活方面，都需要真理！"

布尔班克呼唤真理的呐喊，得到的反应是反对者更强烈的攻击。他演讲后的第二天，几乎美国所有的报纸都向这位科学家大肆攻击。布尔班克却坐在自己的办公室里，答复来信，和人们谈话，十分沉着。布尔班克坚持达尔文进化理论，勇敢地和教会的蒙昧主义和愚民思想作斗争，保卫科学真理，在教会的眼中他成了最可怕、最危险的敌人，于是布尔班克遭到了残酷的迫害，这使他的健康受到严重的损害。

一年以后，也就是1926年4月11日，布尔班克不幸病逝。人们把他的遗体安葬在圣罗萨城他自己的花园里，让他亲手培育的花草树木永远地陪伴他。

　　布尔班克把全部精力都奉献给了植物育种事业，他用一生的血汗不知培育出多少种新植物。每一新型植物的产生都能给他带来财富。如果他以产生经济价值的方向来作实验，他会有许多钱。但是他的理想是为了使人类的生活更加美好，拥有更多更好的植物，当他知道别人因为种植他培育的品种而获得好处，并为囊中装满了钱财而自豪时，他也为自己的成功而自豪。他是这样一位坦诚的人，正如加利福尼亚州斯丹福大学的大卫·乔尔丹所说：

　　"伟大的人物在性格上常是单纯的、坦白的、诚恳的，这些特点在布尔班克的身上都可以找到。他可亲、直率，并且有着孩子般的完美气质；他献身于真理，永没有离此而去寻求名利或其他个人报酬，如果他的位置不在伟大的科学庙堂之内，那么我们其余的人之中有资格进去的也就不多了。"

（李凤生）

遗传学的创始人孟德尔

艰苦的学生时代

约翰·格里戈·孟德尔于 1822 年 7 月 22 日,出生在当时的奥地利(现捷克境内)摩拉维亚地区欣溪澈村的一个贫苦农民家庭。幼小的孟德尔聪明好学,受家庭的熏陶,喜欢植物。

孟德尔在欣溪澈村小学读书。这个学校与一般的小学不同,除一般的课程外,还在学校的农田里教学生果树栽培和蜜蜂饲养,并让学生进行实习。孟德尔常在自家的果园内帮助父亲嫁接果树,校长施赖贝尔神甫亲自给学生讲关于果树和家畜品种改良的知识。在校长的教育下,孟德尔学到了许多动植物方面的知识,大大开阔了他的知识眼界。施赖贝尔不仅对学校,还对这个地区的农业做了很大的贡献。孟德尔的父亲也向施赖贝尔学习过果树栽培。可以说,孟德尔对研究植物的兴趣是从这儿开始的,施赖贝尔是他的启蒙老师。根据孟德尔的学习成绩和对动植物知识的渴求,班主任托马斯·马基塔老师洞察到少年孟德尔有着非凡的才华,于是向孟德尔的父母建议,务必让孟德尔上高一级的学校去读书。

这样,11 岁的孟德尔就离家到利普尼克的皮亚里斯特尔学校上初

中。孟德尔学习勤奋刻苦，以班级最高的成绩"优秀"和"超群"的评语而毕业。他毕业后升入特罗保的高级中学。由于家境贫寒，孟德尔的生活十分艰苦，面包和奶油都由父母从 20 英里外的家里送来，有好几次是一整天饿着肚子听讲。后来，孟德尔在报考教师志愿书中的一份简短的自传中曾这样写道："1838 年我的双亲连学费也缴不起，16 岁的我被迫不得不自寻生计。因此，这一年我参加特保罗郡立学校预备教育和家庭教育讲习会。很幸运，通过考试受到最优秀的推荐，才能进入高级中学，一边勉勉强强地自立，一边继续读书。"他于 1840 年以优良的成绩毕业。

他毕业后进入阿罗木次大学附属哲学学校读书，学习宗教、神学、自然哲学、数学、自然科学及教育学等课程。1843 年，孟德尔又以优秀的成绩毕业。

在阿罗木次的学习生活使孟德尔深刻体会到了人生的艰难。他必须自己筹划学费。他好不容易找到了一个家庭教师的工作，酬金微薄。由于长时间的劳累和营养不足，使他终于病倒，只好休学一个学期。

孟德尔在阿罗木次上学期间，父亲生病卧床不起，不得不把农田卖出，以维持一家人的生活。妹妹特蕾西亚拿出自己准备结婚用的一部分钱给孟德尔作学费，孟德尔终生未忘妹妹的这番好意。后来孟德尔曾照顾过妹妹的三个孩子，以报答妹妹的恩情。父亲出卖农田的契约的第六条中有这样一段话："在出卖者儿子约翰·孟德尔或根据其意愿就任僧职，或由于其他办法而独立时，买主应向其父支付 100 弗洛郎，作为其独立资金；在约翰未读完书之前，买主向其父支付年金额十弗洛郎，作为约翰的学习补助费。"这就是孟德尔和他的家人都预料他将来就任僧职的缘由。

果真，1843 年 10 月，孟德尔到布尔诺修道院当了修道士。这座修道院有一个特色，就是除传教之外，还把为发展自然科学做出贡献作为布尔诺修道院的目标。在此目标下，院长纳普招纳了一些学者，派修道士到各个学校去讲学，使布尔诺修道院成为摩拉维亚地区的文化中心。纳普院长一见孟德尔，就看出了这个青年的天才风貌。孟德尔后来很受纳普的赏识。这一点从纳普寄给主教的信中提到关于孟德尔的一段话中可以了解到："孟德尔像您所了解的那样，很不适合传教工作，可是另一方面，他头脑聪颖，热心于自然科学的学习。"纳普很重视对孟德尔在自然科学方面的培养。1844年，他送孟德尔去布尔诺哲学院听神学和农学课。孟德尔最喜欢听迪博尔教授的农学课。他认真听讲，记笔记，经常向迪博尔请教一些疑难问题，并通读了迪博尔教授所有的农学著作，受益匪浅。

1847年，孟德尔被任命为候补牧师，负责教会所辖医院的传教工作。后来，因他不适应医院工作，又派他到策涅姆中学当代课教师。

1850年，孟德尔为了取得正式教师的资格，参加教师甄别考试。考试结果虽然成绩良好，但是由于主考人的偏见，未被通过。幸好，阅卷人包尔加纳教授从孟德尔的物理试卷中发现了孟德尔的才华，认为孟德尔是在自然科学上非常有培养前途的青年。于是，孟德尔在包尔加纳教授的推荐和主教的资助下被送住维也纳大学去上学。孟德尔兴奋极了，非常珍惜这个学习的机会。他在维也纳大学学习期间，学习了克内尔教授的动物学实习，学习了动物分类学、芬茨尔教授的植物形态学、植物分类学和实习，还学了高等数学、物理学、普通化学、生物化学、医学化学等课程，读了植物学家翁格尔的《植物的解剖和生理》、《在生理学中显微镜的使用法和实验的方法》等书，并且还听了翁格尔的讲座。孟德尔从翁格尔那里了解了施旺和施莱登的细胞学说，领会到了植物学和阐明遗传法则的重要性；从多普勒那里学到了精密物理学的思考；跟埃廷豪森学了物理技术；掌握了雷德滕巴切的化学，特别是原子学说，使他在自然科学方面受到了极其良好的训练，为他后来从事植物杂交实验打下了坚实的基础。1853年秋天，孟德尔返回了布尔诺修道院。

植物杂交实验

　　孟德尔回到布尔诺修道院的第二年，1854 年 5 月被聘为高等实业学校的助理教师，讲授动物学、植物学、物理学等自然科学的课程，从此致力于教育工作 14 年之久。他的教学工作受到师生们的好评。在任教期间，孟德尔利用修道院内一块 223 平方米的小园地，种植了很多种植物，在园地附近还饲养了蜜蜂，甚至在自己的住房里饲养了小家鼠，用这些植物、动物做了许多杂交实验。

　　要做实验，首先要解决实验的目的问题。孟德尔从植物学家翁格尔那里得到启发，实验在于要解决植物的形态和花的颜色是根据什么法则传递给后代的问题。这个问题的想法不只是从翁格尔那里学到的。在此之前，摩拉维亚改良品种的风气盛行，修道院院长纳普最先想要了解遗传的法则。还有修道院的哲学家布拉特兰内克的来自歌德的植物变形论的自然哲学的想法等。可以认为，上述的情况都为孟德尔的实验准备了条件。

　　这样一来，第一个问题便是要解决遗传法则的问题。在这个问题上，孟德尔的头脑中似乎有着一个更根本性的问题，就是遗传法则根据什么才得以建立。孟德尔认为，值得称作法则的东西，并非建立在昔日生物学界流传的那种"活力"和"目的意志"的基础上，而是通过物理世界中的粒子那样无目的地随机结合和分离所致。他作了这样的设想并着手进行实验。这是孟德尔由于在维也纳大学学习过由原子论支配化学反应的论述而联想到的，所以孟德尔想遗传一定也有他的物质基础。这个物质，他大胆地假设是"因子"。生物性状的遗传是由"因子"来控制的。

　　其次是选择什么样的实验材料问题。孟德尔非常注意这个问题，他认为实验材料的选择往往是实验成功与否的关键。他说："任何实验的价值与用途决定于材料是否适宜于实验的目的。"他根据前人实验的经验和自己仔细的观察，选用了豌豆作实验材料。因为豌豆是严格的自花授粉，而且是闭花授粉的植物，开花时不受外来花粉的影响，也就是说，豌豆还未开花的时候，雌蕊的柱头上已经沾上了花粉。所以在自然状态下，它永远是纯种，避免了天然杂交的可能。用这样的材料做杂交实验，实验结果既可靠又易于分析。豌豆还有易于识别的可区分的性状。事实证明，选用豌豆做实验材料，是孟德尔获得成功的原因之一。

孟德尔选择最有活力的豌豆植株做实验，到开花季节，再选择若干朵豌豆花，在花粉尚未成熟的时候，用镊子仔细地把雄蕊（10 枚）去掉，再将花瓣按样复原，并在去雄花朵外面套上纸袋，防止外来花粉落入。一天以后，将纸袋摘下，选取作为父本豌豆品种植株上的花粉，放在母本去雄花朵雌蕊的柱头上，进行人工授粉。

第三个问题是实验方法，采用什么实验方法也是十分重要的。在孟德尔之前也有人搞过豌豆杂交实验，但是他们都没有发现明确的遗传法则，也有因其实验方法不当所致。

孟德尔采用的是由简到繁的研究方法。他不像以前研究者那样把整个亲本的所有性状作为观察研究对象。他认为要揭露遗传的秘密，先要分别考查个别性状在后代中的表现，也就是首先针对一对相对性状（如茎的高与矮，花色的红与白）的传递情况进行观察研究。

孟德尔在实验中还创造性地引进和运用了数理统计方法，他在分析前人实验教训中认识到，对实验结果进行数量分析，是关系到实验能否取得成果的重要手段。他在多次实验中都精确地记录各个品种在它们杂交后代中不同性状表现的个体数目，并用数理统计方法对不同数据进行科学的分析研究。这也是孟德尔获得成功的重要原因。

孟德尔的豌豆杂交实验是在 1856 年开始的。他首先做了一对相对性状的杂交实验，一共做了七组实验。这七组的相对性状分别是：

1. 茎的高度：高茎和矮茎；

2. 种子的形状：圆滑和皱缩；

3. 子叶的颜色：黄色和绿色；

4. 花的位置：叶腋和茎顶；

5. 种皮的颜色：灰色和白色；

6. 豆荚的形状：饱满和不饱满；

7. 豆荚的颜色：绿色和黄色。

孟德尔用纯种高茎豌豆与纯种矮茎豌豆作亲本，在它们不同植株间进行人工授粉。不论是以高茎作母本，矮茎作父本；还是以高茎作父本，矮茎作母本，杂交得到的杂种一代（F_1）植株，都表现为高茎，没有表现为矮茎的。其他六组实验，表现出同样的结果，分别是圆滑、黄色、叶腋、灰色、饱满和绿色，都表现出各自的一个亲本的性状。这就是孟德尔发现的显性法则，即杂种一代显现出来的那个亲本的性状叫做显性性状。未显现出来的那个亲本的性状叫做隐性性状。孟德尔又让杂种一代植株进行自花授粉，得到杂种二代（F_2）。在 F_2 中亲代的两种性状都出现了，一部分个体显现出一个亲本的性状，另一部分个体显现出另一个亲本的性状。这种在杂种后代中显现不同性状的现象叫做性状分离。孟德尔对 F_2 不同性状的个体进行了精确的统计记录：

性　状	显性		隐性		F_2 的比
茎的高度	787	高茎	277	矮茎	2.84：1
种子的形状	5474	圆滑	1850	皱缩	2.96：1
子叶的颜色	6022	黄色	2001	绿色	3.01：1
花的位置	651	叶腋	207	茎顶	3.14：1
种皮的颜色	705	灰色	224	白色	3.15：1
豆荚的形状	882	饱满	299	不饱满	2.91：1
未成熟豆荚的颜色	428	绿色	152	黄色	2.82：1

孟德尔用数理统计方法对上述实验结果进行分析研究。在 F_2 出现的显性类型和隐性类型的比数都接近于 3：1。孟德尔认为，这七个实验所反映出来的惊人相似的数据，绝非偶然，而是一种自然规律的必然反映。为了揭示这个规律，孟德尔用前面所提到的假定进行分析：生物性状是由"遗传因子"控制的（1909 年，丹麦遗传学家约翰逊将因子改称为基因。下面我们就用"基因"来代替"因子"的概念）。显性性状由显性基因控制，用大写英文字母表示，如 D。隐性性状由隐性基因控制，用小写英文字母表示，如 d。在生物的体细胞中，控制生物性状的基因都是成对存在的。后来的科学家证实，基因的物质基础是脱氧核糖核酸（DNA），DNA 的主要载体是染色体。由于染色体在体细胞中是成对存在的，所以基因也是成对存在的。例如纯种高茎的每个体细胞中都含有成对的高茎基因 DD，纯种矮茎豌豆的每个体细胞中都含有成对的矮茎基因 dd。杂交产生的 F_1 的体细胞中，D 和 d 结合成 Dd（在一对同源染色体的同一位置上的，控制相对性状的基因，叫做等位基因），F_1（Dd）表现为高茎，是由于 D 对 d 有显性作用，但未表达的基因 d 并未被消灭。在 F_1 进行减数分裂时，这一对等位基因分离，产生含有基因 D 和 d 的两种雌配子和两种雄配子，它们之间的比例接近于 1：1。雌、雄配子结合的机会是相等的。因此，上述两种雌、雄配子的结合所产生的 F_2 便出现了三种基因组合：DD、Dd 和 dd，它们之间的比接近于 1：2：1；而在性状表现上，则接近于 3（高）：1（矮）。

孟德尔用上述遗传因子分离的假说很好地解释了实验的结果。但是他并不以此为满足，为了检验假说的正确性，他又设计了一种"回交"实验：用 F_1 和隐性亲本类型杂交。按照分离现象的解释，F_1（Dd）一定会产生带有 D 和 d 基因的两种雌、雄配子，并且两者的数目相等，而隐性类型 dd 只能产生一种带有 d 的雌、雄配子。所以，回交产生的后代应当一半是高茎（Dd）、一半是矮茎（dd），即两种性状的比是 1：1。

孟德尔用 F_1 的高茎豌豆 Dd 与矮茎豌豆 dd 相交，得到后代共 64

株，其中高茎的 30 株，矮茎的 34 株，即性状分离比接近 1∶1。实验结果符合预期的设想。当他发现七个实验结果无一例外的得到 1∶1 的分离比时，雄辩的事实坚定了他的信念。孟德尔的遗传法则是正确的。这个法则可以概括为：决定某一性状的某对因子，在形成配子时必然分开，正因为这样，杂合体可以产生数目相等的两种配子。这就是后来被遗传学家所称的"基因的分离规律"，即杂合体在进行减数分裂的时候，等位基因随着同源染色体的分离而分离，分别进入两个配子中，独立地随配子遗传给后代。

当七对相对性状的单独遗传规律揭示以后，这位才思敏捷的科学探索者又进一步研究二对、三对和更多对相对性状同时遗传的性状表现规律。

孟德尔设计这样一个实验：以黄色子叶、圆形种子的豌豆作母本，绿色子叶、皱缩种子的豌豆作父本，进行杂交，同时观察这两对相对性状在杂种后代的表现。结果 F_1 全部为黄色子叶圆形种子。他把 F_1 种下去，让它们的植株自花传粉，产生了 556 粒 F_2 种子。这些种子出现了 4 种类型，孟德尔对它们进行了分类并统计了数目：黄色圆形 315，黄色皱缩 101，绿色圆形 108，绿色皱缩 32。从这个实验结果可以看出，F_2 中除了出现两个亲本类型以外，还出现了两个与亲本不同的类型，这就是黄色皱缩和绿色圆形，其结果显示出不同相对性状之间的自由组合。

对每一对相对性状单独进行分析，其结果是：

种子形状 $\begin{cases} \text{圆形：} 315+108=423 \\ \text{皱缩：} 101+32=133 \end{cases}$

子叶颜色 $\begin{cases} \text{黄色：} 315+101=416 \\ \text{绿色：} 108+32=140 \end{cases}$

其中圆形：皱缩接近 3∶1，黄色：绿色接近 3∶1。

以上数据表明，上述两对相对性状的遗传，分别由两对等位基因控制，单独看每一对等位基因的遗传仍然遵循基因的分离法则，但是，如果把两对相对性状联系在一起分析，F_2 的四种类型的比便是黄圆∶黄皱∶绿圆∶绿皱＝9∶3∶3∶1。

杂种二代为什么会出现这种情况呢？孟德尔认为：F_1 AaBb 产生配子的过程中，根据基因分离法则，每对等位基因也要分离，也就是 A 与 a 分离、B 与 b 分离，而非等位基因之间发生了自由结合，即 A 与 B 可以同时进入一个配子，A 与 b 也可组合在一起。此外，跟 B 及 a 和 b 同样也可分别进入一个配子。结果 F_1 就形成 AB、Ab、aB 和 ab 四种类型的雌、雄配子，它们之间的比是 1∶1∶1∶1。F_1 经过自花授粉，各种雄配子和各种雌配子结合的机会是均等的，因此，结合的方式有 16 种，其中有 9 种类型的基因组合。性状表现有 4 种类型，比例是 9∶3∶3∶1。

与验证分离法则一样，孟德尔也设计了一个回交实验。他认为，要是杂种一代形成配子的过程中，不同对的基因（非等位基因）之间进行了自由组合，那么，用 F_1 与双隐性类型进行测交，由于 F_1 产生的配子有 4 种——AB、Ab、aB、ab，而双隐性类型只产生一种配子——ab，测交的结果应当产生 4 种类型的后代。它们是黄色圆形（AaBb）、黄色皱缩（Aabb）、绿色圆形（aaBb）、绿色皱缩（aabb），它们之间的比是相等的。

他用 F_1 作父本进行测交的结果是：黄圆 24、黄皱 22、绿圆 25、绿皱 26，从生物统计的角度看，完全符合 1∶1∶1∶1 的要求。预期的和得到的完全一致，可以想象，孟德尔当时多么高兴啊！他重复做了多次这样的实验，毫无例外地得到十分相近的结果。于是，他深信多对等位基因的杂种在形成配子时，每对等位基因都要分离，每对等位基因与另一对等位基因无关系，互不干扰，各自独立地分配到配子中去。这就是孟德尔发现的又一个遗传法则——独立分配法则。就是我们现在讲的"基因的自由组合规律"，即具有两对（或多对）相对性状的亲本杂交，

在 F_1 产生配子时，在等位基因分离的同时，非同源染色体上的非等位基因表现为自由组合。

孟德尔的豌豆杂交实验历时 8 年，于 1865 年 2 月 8 日在布尔诺自然科学会的例会上，孟德尔宣读了他的研究成果。会场是在布尔诺高等实业学校，孟德尔当时就在这所学校教书。会场上集聚着约 40 位听众，其中有天文学家、也是植物学家的尼斯尔，博物学家马科夫斯基，植物学家纳韦、泰默，化学家切马克等。

孟德尔的讲演开始了，听众们倾听着孟德尔一步一步地叙述自己的实验和理论。人们对他过于新奇的杂交结果及其有规律的数据越听越难理解。孟德尔的讲演大约在一个小时后暂且告一段落，余下的内容留到下次例会上讲。

3 月 8 日，例会在同一会场召开。孟德尔讲演又是一系列的科学数据和理论，他的讲演是在人们几乎不明白他对植物打算要讲些什么的情况下结束的。谁也没有提问题，也没进行讨论。孟德尔的讲演没有得到知音。

孟德尔把讲演内容写成长达 45 页的论文，发表在第二年《布尔诺自然科学会杂志》的第 4 卷上。这就是《植物杂交试验》那篇论文，它后来成了永远纪念孟德尔英名的见证。

辉煌成就

刊登孟德尔《植物杂交试验》的《布尔诺自然科学会杂志》尽管分送到欧美 120 个图书馆，但这篇论文并没有被更多的人重视，谁也没有看出它的科学价值。

直到 35 年后的 1900 年（孟德尔死后 16 年），孟德尔的名字突然显赫于世。这时孟德尔的名字作为主角跃居于世界生物学舞台之上，帷幕是由阿姆斯特丹大学的荷兰教授德弗里斯拉开的。

德弗里斯教授在麦仙翁、白屈菜、曼陀罗等11种植物的杂交第二代中，发现性状分离比是3：1，与孟德尔的研究成果一致。德弗里斯在论文中这样写道："孟德尔的这篇论文由于至今几乎没有被引用过，当我在完成了自己的大部分实验时，在结果上能够得到像报告的那样法则之后，才发觉孟德尔以前发表过的论文"，"在一对相对性状中，孟德尔将在杂种上表现出来的一方称为显性，不表现出来的另一方称为隐性。作为结论，孟德尔在豌豆杂交中发现的分离法则，具有极普遍的适用性……"

经过德弗里斯这样一位当时非常有名望的学者这样一番高品位的评价，孟德尔的名字被表彰出来了。从此，孟德尔名声大振。

德国的蒂宾根大学的教授卡尔·埃利希·科伦斯在他的豌豆杂交和玉米杂交实验中，杂种后代都出现了规则性的性状分离。起先一段时间，他不理解这种规律性。在1899年10月的一天黎明，他躺在床上突然脑海中闪现出一种解释。过后不久，他读了孟德尔的《植物杂交试验》论文，发现一位不出名的学者孟德尔在30多年前已经进行过同样的实验，与自己的解释相似而感到异常惊讶。

第二年，即1900年的4月21日，德弗里斯给科伦斯寄来了法文论文《关于杂种分离的法则》的论文副本，它报道着和自己研究相同的结果，因而更为惊异。科伦斯第二天傍晚也将自己的研究成果写成论文，并立即向德国植物学会杂志《德国植物学会报告》投稿。在他的论文的标题中强调了孟德尔的名字，写为《在杂种后代的表现方式中的G·孟德尔法则》，第一次提出了"孟德尔法则"，此时科伦斯举出孟德尔的名字是具有非常重大意义的。

科伦斯的这篇德文论文和德弗里斯的论文登在同一杂志的第18卷的第158页～168页上。科伦斯在这篇论文中这样写道："我也得到德弗里斯同样的结果。对于规则性，当找出说明时，我曾以为是我的新发现呢，这一点与德弗里斯一样，他也似乎这样想过。可是，不久知道了这是误解。其实，该法则是布尔诺修道院院长孟德尔在19世纪60年代，以豌豆为材料，经过多年广泛的实验，终于得到了和现在德弗里斯相同的实验结果，并做了相同的说明。"于是，"我称此为孟德尔法则"。

孟德尔法则再发现的另一位学者是维也纳农业大学的埃里希·冯·丘马克教授。他的研究实验也是豌豆杂交，他也为早在35年前的孟德尔的研究而惊讶。他在总结自己的研究成果时，引用了孟德尔的研究。他的论文标题是《关于豌豆的人工杂交》，也发表在德国植物学会的《德国植物学会报告》杂志上，刊登在第18卷第232页~239页。

三位植物学家在同一年里而且在同一德国植物学会的杂志的第18卷上，发表了相同的遗传法则。他们一致认为孟德尔是发现"分离法则"、"独立分配法则"（自由组合法则）的第一个人，而他们自己的工作只是对孟德尔法则作了进一步的证实而已。这真是科学家高尚、谦虚而诚实的美德。实际上，他们不仅证实了孟德尔的结论，而且修正、补充了孟德尔的假说。

1900年是孟德尔法则重新问世的一年，从此，遗传学研究领域的万马齐喑的沉闷局面被打破了。英国学者贝特森对孟德尔法则的生物学意义给予了极高的评价："孟德尔法则是千古的真理，这一点已是比观火更为明亮的。"

分离规律和自由组合规律的发现，是孟德尔对生物学做出的最突出的贡献，也是19世纪继达尔文进化论之后，生物学研究的又一重大突破，是遗传学的重大成就。现代遗传学表明，孟德尔发现的分离规律是生物遗传的最基本、最一般的规律，尽管他发现的自由组合规律有其局限性，但仍不失为揭示生物遗传奥秘的带有根本性的规律，正如牛顿力学定律成为物理学大厦的基石一样，孟德尔定律则奠定了现代遗传学的基础。孟德尔不愧为遗传学的奠基人。随后有若干学者，包括美国摩尔根学派在内，广泛地开展了遗传学的研究，共同推动了现代遗传学的健康发展。遗传学成为 20 世纪发展最快的一门生物学科，同时也促进了农学、园艺学、医学、人类学的蓬勃发展，对人类探求生命的奥秘有极其深远的影响。

孟德尔对遗传学所做的另一贡献，是他的"遗传因子"学说。孟德尔认为，作为遗传基础的遗传因子在生殖细胞中是独立存在的，在受精过程中，遗传因子相互组合，互不影响，各自保持其纯粹状态。如豌豆种粒圆形（AA）与皱形（aa）杂交，F_1 为圆形（Aa）种粒，F_2 则分离为圆形种粒和皱形种粒，F_2 的皱形种粒同亲本皱形种粒完全一样，表明它在 F_1 并未消失，也未被融合，而是潜隐下来，在 F_2 中再显现出来。遗传因子的这一特性就像化学上原子性质一样，例如 H_2 和 O_2 合成 H_2O，又能分解成 H_2 和 O_2，分解后的 O_2 与原来 O_2 的性质完全一样。

孟德尔在植物杂交实验中创造的新的遗传学研究方法：一对相对性状的遗传分析及测交法，已在现代遗传学和育种学的研究中广泛应用。美国遗传学家摩尔根就是采用他的方法发现了遗传的第三个规律——连锁互换规律。孟德尔开创了应用数学方法研究遗传学的先河，运用数理统计方法进行遗传规律的研究。这是遗传学研究方法的重大创新和突破，对于整个生物学的研究和发展，都具有极其深远的影响。

孟德尔除了遗传学的巨大贡献外，对养蜂学、气象学也有相当的研究，并卓有成就。

孟德尔还是一位养蜂学家，这一点是鲜为人知的。实际上，受父辈的熏陶和影响，孟德尔自幼喜爱养蜂和栽培果木、花卉。1870 年，孟德尔加入摩拉维亚养蜂家协会，从此正式开始进行养蜂研究。他在修道院后面山坡上建起一幢蜂房，养了大约 50 箱蜜蜂，品种包括德国蜂、意大利蜂和埃及蜂。

孟德尔结合养蜂研究蜜源植物，他运用丰富的生物学知识来选育栽培蜜源植物，特别注重那些在其他蜜源植物尚无花蜜时开花的植物。孟德尔还根据蜜蜂采蜜的次数来判断植物生产花蜜的能力，根据蜜蜂吮吸花蜜后蜜囊的成分来判断花蜜的质量，从中培育和栽培产花蜜多且质量好的植物。

孟德尔进行了大量蜜蜂杂交实验，研究动物习性遗传问题。实验结果证明蜜蜂杂种是可育的，这是蜜蜂杂交实验的唯一成果。1872年，孟德尔在养蜂家协会上作了关于蜜蜂杂交实验报告。

孟德尔经过多年的摸索，研究出了蜂箱越冬防霉的方法，即将蜂箱倾斜30度放置在地板上。

孟德尔的养蜂活动与研究受到养蜂专家们的肯定，摩拉维亚养蜂家协会会刊曾多次报道了孟德尔的养蜂活动及成果，特别是他创造的蜜蜂越冬方法。著名养蜂专家凯门特参观了孟德尔养蜂场后，予以很高的评价。从此，到孟德尔蜂场参观的人络绎不绝，孟德尔成了养蜂界出名的人物。

孟德尔对气象观测具有特殊的兴趣。他曾发表过九篇气象学的论文，是他的四篇生物学论文的二倍多。孟德尔当时被认为是摩拉维亚地区研究气象的权威。在他的倡导下，摩拉维亚早在19世纪70年代就建立了地方气象站，并发布对农业的天气预报，这在欧洲还是首创。

孟德尔对气象研究的兴趣，是从观察季节对生物的影响出发的。1859年在奥地利举行的关于生物季节观察的会议，一位气象学家在会上作了报告。这个报告1862年刊登在维也纳动植物学会杂志上，文中提到孟德尔是他的共同研究者。孟德尔的第一篇气象论义是《依据图像来说明布尔诺的气象情况》，1863年发表在布尔诺自然科学学会杂志上。1879年，孟德尔在摩拉维亚农学会的例会上，讲到了农业大臣非常高度地评价天气预报的工作并强烈希望继续做下去。

气象学研究和遗传学研究，哪个是孟德尔的本行？以哪个为主？这还是个谜。但孟德尔在遗传学领域中较之在气象学领域中有名气，这是事实。可是说不定，孟德尔是在业余爱好方面而不是在本行方面扬了名，因为在 1870 年发表的《山柳菊的人工杂交》这篇生物学论文以后，他再没有写过生物学论文。此后，他接着又陆续发表过四篇气象学论文。孟德尔一直到晚年也从未停止过气象观测。在他逝世前 17 天，即 1883 年 12 月 20 日，他还给气象学家约塞夫·利兹纳写信，在信中写了他从五月份起因病卧床，至今不能进行气象观测。由于病情相当严重，观测器上的刻度已经不能读出了。

繁忙一生的结束

1884 年 1 月 6 日，星期日，孟德尔在修道院的一间房子里安详的与世长辞了。

孟德尔的晚年是很悲惨的。他终生未婚，孑然一身，过着孤独寂寞的生活。工作过于劳累，又因纳税问题与政府关系日益恶化，使他郁闷忧伤。他在就任修道院院长五年后，于 1873 年 11 月 8 日给内格尔的最后一封信中有这样一段话："山柳菊又开花了，可是我只偶尔用一点点时间去看看它，已不可能仔细地慢慢地进行观察了。忙碌到这样程度，以致于对植物和蜜蜂我已处在不得不等闲视之的地步了。我全然被寂寞的心情支配着。"由此可以看出，孟德尔任修道院院长期间，工作是多么的繁忙。

布尔诺修道院的目标，除宗教活动外，还要对自然科学研究工作做出贡献。根据这个目标，孟德尔一直积极地进行着科研工作。可是，当上修道院院长后，还有许多想不到的杂事等他去处理。他同时兼任着许多职务：摩拉维亚农业会会长的事务帮办、督学、技术员的考试官等职。

此外，孟德尔还参加了几个民众团体，如布尔诺建设协会、布尔诺音乐学会、布尔诺饮食研究会、摩拉维亚战争孤儿及负伤军人救护联盟、幼儿医院协会、保护盲人协会以及学校十字架联盟等。

孟德尔少年时代就体弱多病，特别是在阿罗木次上学时，曾因病休学。孟德尔回到修道院后，工作那么繁忙，他时常感到非常疲劳。当时的修道院院长曾为他的健康很是担心。孟德尔不讲究吃喝，但吸烟，而且量很大，每天至少要吸 20 支雪茄，尼古丁渐渐地损害着他的身体，使他心动过速，每分钟达 120 次以上。

从 1883 年春天起，孟德尔的健康状况就越来越糟了。当时他作了一次平常的旅游，却引起了一场感冒，从此卧床不起。孟德尔曾在东摩拉维亚的洛季恼温泉疗养过，可是过后不久身体出现水肿。7 月 30 日医生诊断，孟德尔的心脏受到了水肿的侵害，需要绝对静养。他躺在病床上回顾自己的一生，凄楚地说道："我的一生充满苦难，可是也度过美好的时光，所以我应该感激。我能专心致志地把自然科学的研究搞到底。大概不要那么长久，世界将承认我的研究成果……"

孟德尔一直浮肿，从脚上都渗出水液。他一声不响地忍受着痛苦，一声不响地坐在沙发上，情绪不好时就躺在床上。在临终那天，绷带是干的。护士说："今天不流渗液了。"孟德尔回答说："是的，似乎有几分好。"过后不久，那天去看望孟德尔的修女进到他的屋子时，发现孟德尔在沙发上已经死了。医生说："孟德尔浮肿很严重，和通常情况一样，曾希望使他痛苦减轻一些，但没有控制住，终于发展成了尿毒症。"

孟德尔生前曾写了一个书面要求给修道院，希望死后解剖自己的身体。遵照孟德尔的愿望，由医院的院长布伦纳掌刀解剖了他的遗体，结果确定孟德尔的死因是心脏病和肾炎。

当天的布尔诺报纸在报道孟德尔逝世的消息时写道："由于孟德尔的逝世，贫苦的人们失去了一位大恩人，人类失去了一位具有最高品格的人，失去了一位把热情的手伸向自然科学，并使之发展进步的伟大的科学家。"

　　1月9日，孟德尔的遗体被安葬在布尔诺中央公墓。修道院为孟德尔举行了庄重的弥撒，参加葬礼的有政府的高级官员、大学教授、天主教神甫、新教徒、犹太教徒和布尔诺自然科学协会等学术团体的代表，还有数千名贫苦的老百姓。送葬者都以为他们埋葬的是一位尊贵的主教，谁也没想到孟德尔是一位对人类做出杰出贡献的伟大的科学家。

（赵云鲜）

捍卫科学真理的勇士瓦维洛夫

1887 年 11 月 25 日，尼古拉·伊凡诺维奇·瓦维洛夫出生于俄国莫斯科。他的父亲是一个吃苦耐劳又聪明能干的人，十二三岁时在手工业作坊当学徒，后来成为莫斯科一家公司的经理。他娶了一位雕刻艺术家的女儿为妻，这就是瓦维洛夫的母亲阿列克山德拉·米哈依洛夫娜。

瓦维洛夫兄弟姐妹 4 人都继承了父母聪慧而勤劳的优点，长大以后都表现出非凡的才能。姐姐是个医生，曾在莫斯科组建了一系列卫生—细菌学实验室。瓦维洛夫排行第二，他的弟弟谢尔盖是著名的物理学

家，曾任前苏联科学院院长；妹妹莉季娅是微生物学家，不幸年轻时在第一次世界大战中死于斑疹伤寒。

在这样一个生活上比较富足，又充满追求科学知识气氛的家庭中，瓦维洛夫从小受到科学的熏陶。他喜欢读书，他的房间里总是堆满各种书籍，包括多种语言的，还有各式各样的种子和植物标本、放大镜、显微镜和地图等。这些东西把他带入一个丰富多彩的生物世界，从小激发了瓦维洛夫对生物科学的热爱，他看书十分用心，经常在书中空白处写下读书心得，以及出现的问题。至今保存在前苏联科学院植物研究所的他个人藏书中，仍可看到他在各类书中留下的笔迹。他最喜爱的读物是伟大人物的传记。即使在他获得了世界性的声誉后，仍然醉心于阅读达·芬奇、爱因斯坦和过去时代的伟大自然科学家和艺术家的传记。瓦维洛夫从前辈的事迹中吸取力量，并以之为榜样不断地激励自己和亲友。

1906年瓦维洛夫自莫斯科商业学校中学毕业后，考入莫斯科农学院（即今莫斯科季米里亚捷夫农学院）。瓦维洛夫的同班女同学利季娅回忆说："他读了那么多的书！我记得，他出差一个月，要带整整一箱子书，还书时说：'对不起，还晚了，不过所有的书我都读完了。'"

瓦维洛夫是一个富于感染力的人，性格开朗、活泼，待人坦诚。在大学里组织和领导了学生科学俱乐部，而被同学们起了个"可爱的太阳"的绰号。他善于思考，学习勤奋，他的大学毕业论文"莫斯科省的园田害虫蛞蝓"获得莫斯科工艺博物馆的波格达诺夫奖。

1911年瓦维洛夫从莫斯科农学院毕业后，就开始从事植物科学的研究。

立志报国

瓦维洛夫最早是研究植物的免疫性。他认为，植物的免疫性要从进化的全过程来看，"免疫性与寄生菌对属种的专化性有关，它是在寄生菌和寄生进化过程中分离出来的"，他把植物对专化性很强的寄生菌的反应，作为植物分类的依据之一。1914年，瓦维洛夫以题为"流行病的植物免疫学"论文，获得了硕士学位。在这项工作过程中，瓦维洛夫发现了一个小麦的新种——提莫菲维小麦。这种小麦能抵抗小麦的大部分主要病害，因而作为抗源被前苏联和其他国家广泛应用于小麦抗病育种中。

也许就是这一发现，使瓦维洛夫把目标转向栽培植物育种的领域。俄罗斯是一个农业特别落后的国家，在苏维埃政权的最初年代中，不仅农业生产技术和组织比大多数欧洲国家的农业落后得多，而且栽培植物的种类，选种方法和种子生产的水平也很低。面对这种情况，瓦维洛夫深深为祖国农业生产的落后而担忧。作为一个植物学家，他决心培育新的抗病栽培植物，发展祖国农业。

育种家创造新品种时，首先要求这个新品种有尽可能高的产量，而且还必须具有其他品种的特性，如抗旱、不倒伏、不散落、成熟期一致、对地方条件的适应性、抗虫害、抗病、蛋白质含量高、烘烤性质好，等等。要得到具有如此特性的新品种，最简捷的方法就是把具有一二个和平时需要的特性的品种进行杂交，再从杂交后代中选出所需要的组合。要培育出具有许多优良品质的作物，必须有广泛的选择基础材料，这样可以为植物育种家提供创造性选择的机会。

为了收集大量基础材料，瓦维洛夫拟定了一个整理祖国植物资源的计划。20年代中期，瓦维洛夫开始在前苏联全国各地，以及世界所有主要农业中心进行他的著名的考察。为了寻找使他感兴趣的栽培作物，他走遍了50多个国家，经历了种种磨难。一次，他乘座的飞机在撒哈拉沙漠失事，法国飞行员把飞机降落在几乎是紧靠狮子洞穴旁边，队员们吓得手足无措。傍晚，瓦维洛夫点起了一堆篝火，整夜驱赶在附近走来走去的猛兽。

在阿比西尼亚（埃塞俄比亚），驼队遇上了强盗，瓦维洛夫表现出了老练外交家的才能，拿出买路钱来，把人和驮载的马匹带出了看来是无望的处境。

在叙利亚，他在起义的德鲁兹人的炮火下收集使他感兴趣的小麦麦穗——他没有挨上起义者的枪弹简直是奇迹。而每次经历几乎都是死里逃生。他一生进行了 180 次考察，其中 40 次在国外。他考察的国家和地区有：美国、加拿大、英国、法国、德国、瑞典、荷兰、阿根廷、突尼斯、摩洛哥、埃及、叙利亚、巴勒斯坦、外约旦、希腊、意大利、西班牙、索马里、埃塞俄比亚、中国西部、中国台湾、日本、朝鲜、墨西哥、丹麦、瑞典、古巴、秘鲁、玻利维亚、智利、巴西、乌拉圭、高加索、白俄罗斯、西乌克兰等等。他博得了"当代考察旅行最广泛的生物学家"的美誉。他考察了各地的农业和植物资源，并把采集的 15 万种以上的植物品种、类型和种类带回前苏联，其中小麦 36000 份，玉米 10022 份，豆类 23636 份，禾草 23200 份，蔬菜 17955 份，果树 13650份。这些几乎包括了人类在悠久的历史中创造的全部植物育种资源。

瓦维洛夫不仅为前苏联选种和使用收集了如此丰富的基础材料，而且还把它们系统化。通过形态学、细胞学、遗传学和免疫学分析，弄清每个种的变种和类型。根据对这些材料研究的结果，瓦维洛夫提出了同源系列定律和栽培植物的起源中心。

他发现在分布最广的小麦栽培种普通小麦中，穗的性状有有芒和无芒、有色和无色、有毛和无毛、有蜡质和无蜡质、稀的和密的、长的和短的等区分，小麦属的其他种也有这些性状。不仅是同属的种，而且与之亲缘相近的属，甚至种都有这一系列变异。瓦维洛夫观察到这种奇妙的现象，并认为这是生物界中普遍存在的规律，他称之为"遗传变异的同源系列定律"。它的内容包括：1. 遗传上相近的种和属具有一系列相应的遗传变异。如果知道一个种的一系列类型，就可预料其他种和属中存在与之平行的类型。种和属在分类系统中遗传距离越近，其变异系列就越相近……2. 一般说来植物的整个科具有一定的变异范围，科是由其全部属和种的变异组成的。由于受化学符号的启发，瓦维洛夫仿照化学元素周期表制出了同源系列周期表。他认为这个同源系列可被用来预示、发现植物类型的存在。

1920 年 6 月，全俄育种家第三次代表大会在萨拉托夫召开。瓦维洛夫首次报告了他的同源系列论，立即获得与会者的称赞。当时，著名的生理学家萨列夫斯基走上讲台说："这次代表大会是具有历史意义的事件，生物学界欢迎它的门捷列夫！"

瓦维洛夫的同源系列定律也受到世界生物学家的重视。庞尼特在剑桥的一次报告会上指出，瓦维洛夫的变异平行系列现象也存在于啮齿动物和蝴蝶之中。

栽培植物的起源中心说即是一种作物的种、变种、小种等变异类型最集中的地方就是这个作物的起源。许多作物的起源地集中的地方，称为起源中心。根据各种植物变异类型分布的情况，瓦维洛夫提出 11 个起源中心：

1. 东亚起源中心（主要是中国、日本）；

2. 印度起源中心；

3. 中亚起源中心（包括印度西北部、克什米尔、阿富汗及前苏联的塔吉克和乌兹别克）；

4. 前亚起源中心（包括小亚细亚、伊朗和前苏联的外高加索）；

5. 地中海起源中心；

6. 阿比西尼亚起源中心；

7. 中美起源中心；

8. 南美起源中心（包括秘鲁、厄瓜多尔、玻利维亚）；

9. 印度支那马来西亚中心；

10. 智利中心；

11. 巴西—巴拉圭中心。

这些起源中心是由于沙漠、山脉或海洋等地理阻隔形成的。一种作物可能起源于几个中心，而每个中心都有自己的种。一种作物起源于不同地方的种常有不同的生理特性和染色体数目。育种家们就可以利用这些原始材料进行杂交育种工作。

瓦维洛夫不知疲倦地工作着，从未休过假，"他走起路来步履轻盈，两脚生风……尽管他总像在跑，但他能一下子停住脚步，并且可以在飞跑的时候停下来，和碰到的人谈上好一阵子。而话一说完，他又飞跑而去。"工作人员渐渐地习惯了在这种奔跑中找他办事。并且在瓦维洛夫的带动下，前全苏植物育种研究所的研究人员都把工作看为乐趣，甚至休息日也会偷偷溜回研究所。有时被看门人发现，看门人大叫："星期日不回去好好休息，来这做什么？"接着把他们轰走了。

1928 年 8 月底的某一天，瓦维洛夫由于要出版《农业国家阿富汗》这本书而需要一些油十字花科植物的照片。暮色已至，突然瓦维洛夫走进来对遗传学家亚·伊·库普佐夫说："我亲爱的朋友，我要为《农业国家阿富汗》拍一些油十字花科植物的照片。请去杰茨科耶谢洛把它们取回来。"

"好吧，这些照片明天就会送到您那里。"

"不，不是明天，而是现在就去！"

"可都快 9 点了，10 点或 11 点我才能到杰茨科耶谢洛，约在午夜方能返回来。再说，深更半夜的，谁会来拍照？"

"我已经和亚历山大·西多罗维奇（摄影师）说好了，他答应明早把一切都办好。"

于是，库普佐夫立即动身到杰茨科耶谢洛去了。找到并叫醒了所需要的工作人员，点上灯，去采集植物。他们把挑选好的植物枝经过修剪，送到了摄影师那里，接着拍照，冲洗。约在第二天上午 10 时，瓦维洛夫看到了拍好的照片，非常满意，随即这些照片就拿去制版了。正是以这样的工作速度，两个月后《农业国家阿富汗》问世了。每一天，瓦维洛夫都是在紧张的工作中度过，经常是每天只在火车上或办公室沙发上睡四五小时，他把毕生的精力都奉献给祖国农业科学的发展上。

在瓦维洛夫等科学家的艰苦奋斗下，前苏联的科学逐渐崛起，为世界瞩目。1933年～1937年著名的美国遗传学家、诺贝尔奖金获得者H.J.缪勒，应瓦维洛夫的邀请在前苏联工作，他热情赞扬说："苏联有理由骄傲，尽管在建设一个伟大的新社会的过程中还要解决许多急迫的物质需要，但它已经能把许多理论科学部门的水平，包括遗传学，提高到等于或高于其他国家中的那些科学的水平。苏联的外国朋友为文明在这里的胜利进军而骄傲。"

按照前苏联政府的建议，瓦维洛夫已在1932年在美国举行的第六次国际遗传学会议上宣布，第七次国际会议将于1937年8月在莫斯科举行。该届的会议主席为莫拉洛夫院士，瓦维洛夫任副主席。这就意味着国际上已承认前苏联遗传学的成就，前苏联生物学家也在世界生物界享有很高的声誉。人们都翘首以待这次盛会。

逆水行舟

但是，事情并没有像人们期望的那样发展。当时在前苏联生物科学界泛起一股逆流恶浪，以李森科为首的一伙人，用打棍子、扣帽子的手法恶毒攻击有成就、信仰科学真理的科学家。这在科学史上称之为"李森科事件"，要追溯到1929年李森科由于他父亲的偶然发现，把在雪里过了冬的乌克兰冬小麦种子，在春天播种，获得了好收成。由此提出"春化作用"的概念而一夜之间成为名人。再加上他吹牛的功夫，开始平步青云。为了巩固自己的地位，李森科一开始就攻击与自己观点不同的人。

1931年1月29日，《经济生活报》登载了这样一篇文章《应用植物学，或列宁对土地的更新》。文章写道："在列宁的名字掩盖下，一个同列宁的思想和目的毫无关系的，倒不如说是异己阶级的、怀有敌意的彻底反革命的研究所已经建立了，并获得了我们的农业科学中的垄断权。这就是列宁农业科学院的植物育种研究所。"而当时植物育种研究所的所长正是瓦维洛夫，这篇文章明显是针对瓦维洛夫而作的。

同年 8 月，政府又公布了一项关于选种的法令。政府要求瓦维洛夫在四年之内用温室培育出为不同地区发展所需的谷物品种。同时还提出更新全国所有谷物品种的所有主要性状的问题。特别是要求小麦品种在三四年内获得高产、均匀、不倒伏、抗寒、抗病虫害、烘烤性能好等优良性状。这个决议是如此的不切实际，以当时最先进的植物育种技术来说，不要说 3 年～4 年，就是 30 年内也是无法完成的。面对这种不顾自然科学规律，加速更新种子的目标，瓦维洛夫以一个育种家的职责提出了怀疑。而李森科则立刻发表了一个庄严的保证，要在两年半内培育出有预期性状的各种新品种。李森科的保证当然不可能兑现，但靠着"春化作用"理论和欺上瞒下的吹牛本领，李森科崛起了，1935 年他当上了敖德萨植物育种遗传研究所所长，并被选为列宁全苏农业科学院院士。而另一方面，以瓦维洛夫为首的一批正直的科学家，由于不能迎合领导的急于求成的心愿而受到政府的冷落。这件事成为瓦维洛夫和李森科一伙争论的出发点。

1935 年前苏联开始了遗传学争论，关键的问题是活的有机体的遗传和变异问题。当时经典遗传学理论已经确立，瓦维洛夫等人认为基因突变是有机体遗传变异的原因。由于基因突变使生物获得新性状，染色体理论和突变理论是遗传育种的理论基础。但是李森科一伙否定遗传理论和育种方法，甚至否定基因的存在。认为具有遗传特性的物质遍及整个细胞，获得性可以遗传。瓦维洛夫和其他科学家坚持孟德尔遗传理论，他批评李森科一伙的褊狭与无知，说："我们之间分歧的特征在于，他们是在先进科学的伪装下，建议我们回到已被科学所淡忘了的，本质上是 19 世纪前半期和中期的观点（指拉马克主义)!"

李森科等人并不甘心失败，斗争仍在继续。1937 年，由李森科主编的《春化》杂志上登载了一篇文章，指控瓦维洛夫是一个反动分子，指控他的怠工及其他罪行。文章说："瓦维洛夫和他的同伙，在访问阿比西尼亚、巴勒斯坦、北非、土耳其、蒙古、日本和其他国家时，在为苏联选择优良的生态型方面，比美国人为他们的国家所做的兴趣要小，而在收集形态学上的奇迹以充实他的同源表中的空档方面则兴趣很大。"瓦维洛夫在"我们的遗传学和植物育种的命运"中的作用是"很不愉快的，而且有许多有害的后果……瓦维洛夫企图用各种诡计和歪曲事实来进一步保持他的理论在科学中的霸权，这种理论对我们的建设已经造成了不小的损害。"

同年 6 月，《社会主义农业报》也开始了反对瓦维洛夫、柯尔卓夫和其他遗传学家的尖锐斗争。他们说，"诸如柯尔卓夫和谢列勃罗夫斯基院士和形形色色的'基因骑士'这样一些'科学家们'，小心翼翼地保卫着基因的特殊的垄断作用。然而，人民的敌人布哈林和这些骑士们一起同达尔文主义作斗争这个事实，却是沉默地进行的，确实，这看来像一只狐狸，但有狼的气味……"

由于前苏联境内遗传学上的争论转化为片面的政治斗争，而引起国际遗传学组织的关注。原定 1937 年 8 月在莫斯科召开的第七届国际遗传学会议不得不推迟至 1938 年 8 月。

但是 1938 年，由于大会主席莫拉洛夫和其他几位组委会成员被捕，会议再次取消。直到 1939 年，第七届国际遗传学会议在苏格兰的爱丁堡召开，前苏联科学家并没有参加那次会议。

但是在这次会议上，瓦维洛夫仍被选为会议主席，并要在会议的开幕式上发表出任主席的讲话。然而，他没有获准去苏格兰。

瓦维洛夫在国际科学界所享有的崇高声誉，引起李森科一伙的极大忌恨。他们把他看作是走向完全胜利道路上的主要绊脚石。于是，他们继续向瓦维洛夫发动一次又一次进攻，这样以瓦维洛夫为首的前全苏植物育种研究所，便成了李森科的主要攻击对象。

由于李森科当时不断受到前苏联领导人的青睐，他的权势与日剧增，一些见风使舵的人也逐渐投入李森科一边，在前全苏植物育种研究所里，形成了一个反瓦维洛夫的集团。他们造谣中伤，贬低瓦维洛夫的一切成就。他们指责说："……资产阶级理论，伪科学倾向同外国植物一起渗入了这个研究所……形式遗传学，贝特生的孟德尔主义，'同源系列定律'、'起源中心'，以及资产阶级思想和实践的其他许多理论，都属于这种理论。"这样，他们就造成一种不利瓦维洛夫的形势。

后来，李森科又任命了一位年轻的专家欣登科作为瓦维洛夫的副手。这个人实际工作能力很差，而给别人打棍子、扣帽子、告黑状这一类事却做得得心应手。由于对李森科的提拔感恩戴德，他便把给瓦维洛夫捣乱，逼迫瓦维洛夫辞职为己任。他们企图强加前全苏植物育种研究所的党组织通过这样一份决议："……党组织认为，为了重建这个研究所，撤销瓦维洛夫的所长职务是必要的，因为，作为苏联形式遗传学理论家的瓦维洛夫，由于继续保持他的职务，他帮助全苏联的反达尔文主义者行动起来和团结起来，而干扰苏联的实验网和植物育种网沿着达尔文主义的路线迅速重建。"虽然这项决议未被党的会议采纳，但这说明瓦维洛夫的处境很危险，他随时都有可能被李森科一伙捣垮。

但是面对这些危险，瓦维洛夫没有妥协，也没有回避这场争论。他勇敢而坚定地捍卫他的原则和科学信念，坚持为科学真理而战。一方面，他随时迎接对手的挑战，在各种场合、文章和著作中，都精力充沛地解释其科学观点，驳斥对手的荒谬论点；另一方面，则排除各种阻力，继续加紧实验工作，并赶上世界科学成就，从而积极地帮助前苏联农业的发展。

1939年5月25日，在李森科主持会议讨论植物育种研究所的一份报告讨论中，瓦维洛夫和李森科展开了一场论战。瓦维洛夫在介绍自己研究所的工作成绩后自豪地说："我们很熟悉地方的品种是什么，外国的品种是什么，多倍体在哪儿……现在，这个研究所把它的选种工作完全建立在达尔文进化论学说的基础上了。我们恰好是由考虑达尔文的工作来开始研究植物栽培的。"

李森科提出责问："你认为，人类起源的中心是在其他某些地方，而我们则处在边缘上吗?"

瓦维洛夫答道："你误解了我，我并不认为这样。情况无疑是人类起源于东半球，那时西半球还没有人。一切有价值的材料都表明，人类最近才来到美洲。"

李："为什么你谈论达尔文，而不从马克思和恩格斯那里选择例子?"

瓦："达尔文研究物种进化较早。马克思和恩格斯都很尊敬达尔文。达尔文并不是一切。但是他是最伟大的生物学家，他证明了生物体的进化……"

李："我根据你所写的东西理解到，你同意你的老师贝特生的意见，进化必须被认为是一种过分简单化的过程。然而，党史第四章中说，进化是增加复杂性……"

瓦："总之，也有简化。当我同贝特生一起研究时……"

李："他是一个反达尔文主义者。"

瓦："不，总有一天我将告诉你，贝特生是一个最吸引人的、最有趣的人。"

李："你不能向马克思学习吗?"

瓦："我是一个马克思主义文献的爱好者，不仅爱好我国的，也爱好外国的，也做过多次尝试去证明马克思主义的正确。"

李："马克思主义是唯一的科学，达尔文主义仅仅是一个部分;世界上真正的认识论是由马克思、恩格斯和列宁提出来的。当我倾听关于达尔文主义的讨论而没有提到马克思主义时，就可以看出，一方面，一切都是正确的，但另一方面，却完全是另一码事儿。"

瓦："我研究过四五次马克思，并且准备继续……"

李："把你的工作继续下去对你来说是有某些困难的。我们多次提到过这个问题，我真诚地为你惋惜。但是，你不服从我，而这就意味着全苏植物育种研究所不服从我。……现在我要说，必须采取某种措施。我们不能这样继续下去。我们必须依靠别人，采取另一条路线，行政上服从的路线。"

这次争论可以看作是李森科对瓦维洛夫下的最后通牒，他已急不可待地要把瓦维洛夫从他前进的道路上除掉。而且，他已经开始用他的地位和职权对他的意识形态上的反对派进行报复。

科学巨星的陨落

9 月份，瓦维洛夫因考察外出一个月。李森科借机把研究所里支持瓦维洛夫的 14 个博士，著名的专家和许多副博士解职，同时任命一些服从李森科的人做瓦维洛夫的副手和科学秘书。他们这些人竟然破坏研究所的纪律，因为他们的目的就是为了瓦维洛夫的活动无能为力，并大拍院长的马屁……

李森科组织这些人对瓦维洛夫进行围攻，把学术问题的争论看做是一场政治斗争，宣布瓦维洛夫是"科学上的反动派"，并且策划了一系列告黑状的活动。瓦维洛夫不顾这伙人的轮番进攻，仍然坚守在科学的阵地上，丝毫没有退步，艰难地继续他的研究。终于有一天，不幸的事情发生了。

1940 年 8 月，按照农业人民委员部的指示，瓦维洛夫带领考察队到西乌克兰考察。他们首先到了基辅。然后再乘汽车去利沃夫和切尔诺维茨。从那儿，瓦维洛夫和一大批地方上的专家，乘三辆过分拥挤的小汽车向山脚进发,去收集和研究植物。中途,由于一辆小汽车不能通过艰难的道路,转回去了。在返回的路上遇到一辆轻型小汽车,车里有穿便衣的人,其中一个人问:"瓦维洛夫的车到哪儿去了?我们急于要找他。""再往前路不好,同我们一起回到切尔诺维茨,瓦维洛夫在下午六七点钟应该回来了,这就是找到他的最快的办法。""不,我们必须立即找到他,莫斯科来了一份电报,要立刻召他回去。"说完,这辆小汽车急匆匆地沿着那条路追了下去,瓦维洛夫被捕了,他是在他最后一次考察中,在他的同伴们的目击下被捕的。

晚上,考察队的其他成员回来,开始整理房间角落里堆着的旅行袋,寻找瓦维洛夫的东西。当被找出来后,发现有瓦维洛夫收集的一大捆斯佩耳特小麦和一种半野生的本地小麦。后来发现是一个新种。瓦维洛夫在为祖国服务的最后一天,1940年8月6日,做出了他最后的植物地理学的发现。

瓦维洛夫被判有罪:属于右派阴谋集团;英国间谍;劳农党领袖;在农业中有破坏活动;同流亡的白俄有联系,等等。瓦维洛夫在"审判"时否认了这些强加的罪名。

在狱中,瓦维洛夫不可能受到良好的照顾,他们禁止他的妻子和儿子来看望他。甚至不告诉他的家人,瓦维洛夫究竟在哪所监狱,并拒绝接受同情者送来的食品包裹。

长期的监禁生活,使瓦维洛夫的健康受到折磨。1942年末,从世界科学舞台上神秘地"消失了"的瓦维洛夫,被选为伦敦皇家学会外国会员。当这个消息传来时,瓦维洛夫的档案被紧急地调来研究,但是已经太晚了。长期的营养不良使得瓦维洛夫的生命慢慢衰弱下去,那时已经不可能救他了。1943年1月26日,由于肺炎,瓦维洛夫死于萨拉托夫监狱,终年55岁。他的遗体埋葬于附近的沃斯克列先斯科耶公墓。

瓦维洛夫离开了我们,但他的科学思想,他的奋斗精神永远激励着人们。他那"非同寻常的工作能力加上天才,充沛的精力加上极其渊博的知识，对自己的严格要求加上对人的感化力，工作中目光远大，而在科学研究时又一丝不苟，有作为领导人的伟大的组织才能。"他是一位热爱祖国的科学家，他把毕生的精力都致力于发展祖国农业上。他是一位勇敢而伟大的科学家，一位百科全书式的人物、遗传学家、植物育种家、农学家、植物学家、地理学家、旅行家、国务活动家，在国际科学界享有很高的声誉。

瓦维洛夫是前苏联地理学会理事长，也是许多国内外学会的会员，如罗马国际土地研究所，乌克兰科学院（1929），捷克斯洛伐克科学院（1936），印度国家科学院（1937），爱丁堡皇家学会（1937），伦敦皇家学会（1942），伦敦林奈学会，纽约地理学会，美国植物学会，墨西哥农学会和西班牙皇家自然历史学会等。他获得布尔诺大学和索菲亚大学荣誉博士称号，多次获奖。如前苏联地理学会的 H. M. 普尔捷瓦尔斯基奖章，列宁奖章，前苏联农业展览大金奖等。

瓦维洛夫是一个不知疲倦的人。他不停地工作、学习、研究，一生发表了 350 多篇科学著作和文章；回顾瓦维洛夫的科学和实践活动的主要内容时，无不为他个人的多产和他的工作的空前未有的广度和深度而惊奇。他能读、写、说英语、法语和德语，而且是多种杂志的主编，其中最著名的有《应用植物、遗传、育种文集》。

瓦维洛夫的死，使前苏联以及世界科学蒙受巨大损失。他是一位英雄，一位捍卫真理的勇士，他为他的科学信念献出了自己的生命。但是历史的真面目不会永远被阴云蒙蔽，正义终会得到伸张。

1955 年，瓦维洛夫去世的 12 年后，前苏联最高法院因缺乏犯罪事实而完全恢复了瓦维洛夫的名誉，1955 年 9 月 9 日，前苏联科学院主席团在死去的院士名册中恢复了瓦维洛夫的名字。

为了纪念这位坚持真理的伟大的科学家，前苏联科学院在遗传、育种和栽培专业建立了瓦维洛夫奖金，前全苏列宁农业科学院也建立了瓦维洛夫奖金。前全苏作物栽培研究所、前全苏遗传育种协会、科学院遗传所、萨拉托夫农学院等单位以瓦维洛夫命名。

1970 年，在埋葬瓦维洛夫的墓地上建起了他的塑像纪念碑。每当人们怀着崇敬的心情来到塑像下，瞻仰这位伟大的科学家时，耳畔都会响起瓦维洛夫的誓言：

"我们将走向火葬场，

我们将被火化，但我们

决不放弃我们的信念。"

（赵云鲜）

DNA 分子双螺旋模型的创建者
沃森和克里克

自然界中生长着各种各样的生物，它们的形态特征千差万别，可是同种的生物遗传特征却极其相似。人类很早就开始了对这个问题的探索，但是直至 1953 年，人们才揭开了生物遗传的奥秘。1953 年 4 月 25 日，在英国《自然》杂志第 4356 期上登载了一篇论文——《核酸的分子结构——脱氧核糖核酸的一个结构模型》，同时附加了一幅 DNA 双螺旋结构的示意图。这篇文章引起科学界的极大反响，它使人们对生物科学研究的视野进一步加深，从细胞水平推向分子水平。这个 DNA 分子双螺旋结构标志着分子生物学的诞生，而它的创建者就是詹姆斯·杜威·沃森和弗朗西斯·克里克。

詹姆斯·杜威·沃森

1928 年 4 月 6 日，美国分子生物学家沃森出生于芝加哥，他的父亲是一个商人。沃森一家的祖先为英国移民，历经数代居住在美国中西部。小沃森是家中唯一的男孩，在其幼年的时候，便显示了过人的才华，被人们称为"小天才"，并在广播节目"神童"中崭露头角。少年时代的沃森就表现出对生物学的极大兴趣，观察野鸟是他生活中最快乐的事，这件事成为他以后研究遗传学的动机。

小沃森在芝加哥长大，并在这里接受了他的中学教育。1943 年，当他还是高中二年级学生时，沃森便获得奖学金，前往芝加哥大学进行深造。在大学，他选学了自己感兴趣的鸟类学。沃森是一个极其聪明的学生，他"完全不关心在课堂上进行的任何事情，他从来不作什么笔记，但在课堂结束时，他的成绩在班上却总是名列前茅的。"四年之后，他获得动物学学士学位，毕业于芝加哥大学。随后他又进入伯明顿的印第安纳大学进行研究工作，这一次他同样获得了奖学金。

此时，沃森的研究兴趣已经转向遗传学。在印第安纳大学，他进入了以微生物学研究而闻名世界的"噬菌体小组"，并受到遗传学家缪勒和细菌学家劳瑞亚的指导。1950 年沃森以其题为"X 射线对噬菌体增殖的影响"的论文获得印第安纳大学博士学位。

接着，他靠着一笔博士后研究员的基金，来到丹麦的哥本哈根大学海尔曼实验室继续他的研究工作。他主要研究的是噬菌体内脱氧核糖核酸（DNA）的生物化学。然而，在他的研究工作不断深入的同时，他

"对实验越来越感到困惑"，沃森说："（我）非常想知道有关（DNA）分子结构的更多的情况，而这一点也是许多遗传学家积极探讨的。"

早在 1869 年，瑞士科学家米歇尔，用胃蛋白酶水解病人的脓细胞，经分离得到一种特殊的含磷的酸性物质，他取名为"核素"，这被公认为是 DNA 的最早发现。几年以后，与米歇尔在同一实验室工作的科学家阿特曼，通过实验发现从细胞核中分离出酸性的不含蛋白质的物质，于是重新取名为"核酸"。

20 世纪初，通过生物学家和生物化学家们不断的研究，发现无论是微小的细菌，还是我们人本身，所有生物细胞的细胞核中都毫无例外地存在着核酸，只是在不同的细胞中，核酸的含量不同。核酸分为两种：一种叫核糖核酸（RNA）；另一种叫脱氧核糖核酸（DNA）。它们都是由含氮碱基——腺嘌呤，鸟嘌呤，胞嘧啶及尿嘧啶（DNA 中为胸腺嘧啶），一个五碳糖，磷酸等组成。

1944 年，美国生物学家艾弗里和他的同事们通过实验，证明了脱氧核糖核酸（DNA）就是遗传物质，但是对 DNA 分子的结构和功能却不清楚。有许多科学家开始从各自领域研究 DNA。

1951 年春天，沃森参加了在意大利那不勒斯举行的生物大分子结构学术会议。会上，沃森听到了英国著名生物物理学家威尔金斯关于 DNA 衍射图片分析的报告，并看到一张关于 DNA 纤维的 X 射线衍射的幻灯片。这些给沃森留下了深刻的印象，激励沃森对 DNA 的化学结构进行研究。他认为要解开生物的遗传和变异之谜，应该对基因的结构有充分的了解，这样才有可能知道基因是怎样工作的。这个观点得到他的老师劳瑞亚的支持，劳瑞亚也有同样的看法，"当不了解一件东西是什么的时候，要去描述它的行为是不可能的"。后经劳瑞亚的介绍，沃森得到"全国小儿麻痹基金会"的支持，1952 年进入英国剑桥大学卡文迪许实验室工作。并在肯德鲁的指导下，开始进行蛋白质和多肽结构分析研究。在这里，他遇到一位志同道合的人——弗朗西斯·克里克。

于是他们俩开始了现代生物学史上最完美的合作。

弗朗西斯·克里克

克里克生于 1916 年 6 月 8 日，他的家在英国北安普顿。父亲哈里·克里克是一个制鞋厂的工厂主，母亲叫安尼·伊丽莎白·维尔金斯。克里克一生经历了两次世界大战，第一次世界大战后，西方经济萧条，也波及到克里克父亲的制鞋厂，生意不景气，于是全家迁往伦敦。在那里克里克完成了初等教育。他在伦敦的米尔山学校学习时，就表现出对物理、化学和数学的极大兴趣。克里克家庭中没有人像他那样对科学充满热情，他们称克里克为"胡桃夹"，因为他们认为克里克的兴趣过于狭窄。

1934 年，克里克到伦敦大学学习物理学，三年后他获得理学学士学位，并继续留在母校，在安德雷德教授指导下攻读博士学位。他当时研究的课题是"高温下水的粘滞性"。但是，1939 年第二次世界大战的战火，使他被迫中断自己的学业。

1940 年他以科学家的身份进入英国海军所属的特丁顿研究实验室，从事武器操作系统研究及水的物理特性测定。战后，他留在那里继续工作了两年。在这期间，他阅读了量子物理学家薛定谔在 1944 年发表的《生命是什么？》一书。在这本书中，薛定谔明确指出：物理学和化学规律同样可以应用于细胞及基因的研究上。这个观点促使许多物理学家开始涉足于生命科学领域，从事把某些物理学规律应用于生物学的研究。在这个观点的影响下，克里克开始了对基因分子结构的研究。

但是，对从事物理学研究的克里克来说，生物学是一个完全未知的世界。1947 年他离开海军部，在医学研究基金奖学金的支持下，开始在剑桥大学斯特兰奇伟斯研究室工作。在这里他学习了生物学，组织化学和 X－射线衍射技术。这项技术对研究分子的结构很有帮助。

1949 年，他转到剑桥卡文迪许研究室进一步学习生物学。在 M. F. 佩鲁茨的指导下，开始研究蛋白质和多肽方面的问题。当时他们主要是应用 X 射线结晶学研究中的基本技术和模型来研究血红蛋白分子。但是克里克却认为这种方法无法精确地显示血红蛋白分子复杂的结构。面对卡文迪许实验小组固守旧的研究方法，克里克说："从事结晶学研究的职业危险之一是人们不能在适当的时间里得出结果，而那些从事这项工作的人又有点自欺欺人，他们死抱住一种思想或一种解释不放，除非有人将它打掉，否则他们便继续沿着老路走下去。"于是，克里克开始从各方面着手打破旧的思考分子结构的习惯。他的这种大胆的、不迷信权威的挑战精神，很快就把 1951 年刚到达剑桥不久的，年仅 23 岁的沃森吸引到他的身边，由于共同的兴趣，两个人携手开始了对共同事业的追求——建立 DNA 分子结构模型。

失败与成功

在沃森和克里克之前，已有许多科学家对 DNA 组成进行研究。

1948 年，查伽夫和霍脱基斯及其同事发明用色层分析法测量 DNA 内部的各种碱基的含量并作精细的分析。结果表明：全部嘌呤核苷酸分子总数＝全部嘧啶核苷酸分子总数；腺嘌呤脱氧核苷酸分子总数＝胸腺嘧啶核苷酸分子总数；鸟嘌呤脱氧核苷酸分子总数＝胞嘧啶脱氧核苷酸分子总数，也就是说腺嘌呤与胸腺嘧啶，鸟嘌呤与胞嘧啶比值接近 1：1，这就是"碱基配对"原则，这一研究成果为以后建立 DNA 双螺旋结构奠定了重要的化学基础。

另外，英国科学家威尔金斯和弗兰克林的工作成果对沃森和克里克成功的建立 DNA 分子结构模型有着直接的影响。

威尔金斯出生于新西兰，1938 年毕业于剑桥大学物理系，后获博士学位。1950 年开始研究 DNA 的晶体结构，采用"X－射线衍射法"获得第一张 DNA 纤维衍射图（A 型图），他从该图得出结论，认为 DNA 分子是单链结构的螺旋体。他的研究促使沃森从事 DNA 分子结构的研究，并为沃森的研究提供了方法——X－射线衍射法。

弗兰克林是一位才能卓越的英国女科学家。1942 年毕业于剑桥大学物理系。年仅 30 岁的弗兰克林，就已发表了不少有独创性的论文，引起科学界的重视，被认为是出色的物理学家、物理化学家、结晶学家和 X－射线衍射技术专家。1951 年，她在皇家学院进行 DNA 分子衍射技术研究，通过 X－射线衍射拍摄到 DNA 分子的 B 型图，由此推算 DNA 分子呈螺旋状，并定量测定 DNA 螺旋体的直径和螺距。这些数据是沃森和克里克研究工作的基础。

从 1951 年开始，沃森和克里克利用其他人的科研成果，着手建立 DNA 分子结构模型。

两个人分工合作，克里克主要是用数学方法解决 DNA 的结构问题，他整天沉浸在他的数学计算中。沃森在那本振奋人心的《双螺旋》一书中记述："在那天上午余下的时间里，克里克一言不发沉思默想着他的数学计算。在吃中饭时，他感到头疼得像炸开来似的，于是连实验室也没有去就回家了。他坐在煤气取暖器旁边什么也没做，过了一会心里又觉得实在无聊，于是他又动手算了起来，不一会他发现问题的答案已经找到了，他是那样激动……"通过计算，他开始考虑这 DNA 的分子是某种形式的螺旋体，也就是说它是呈一圈一圈盘旋形状的。

与此同时，沃森则利用 X 射线衍射技术对 DNA 分子进行拍摄，他一心想要拍摄几张能显示 DNA 分子结构的照片。为找到一个合适的拍摄角度，他不知拍摄了多少张照片。

当时，卡文迪许实验室的大门每天晚上十点钟就要关闭，为了能够留在实验室多工作一会儿，沃森专门借了一把大门的钥匙。一个星期六的晚上，他回去打开 X 光摄影机，开始冲洗一张刚从 25 度角拍摄的片子。回忆起当时的情景，沃森说：

"把那张湿淋淋的片子凑到灯前一看，我马上发觉成功了，螺旋形的线条看得清清楚楚……第二天一大早，我便焦急地等待着克里克的来到。等他到后拿起片子看了不到十秒钟，立即表示完全同意我的看法。"

紧接着需要解决的问题，便是这个螺旋体究竟是由几条链组成，是单链或是双链，四链还是三链呢？根据当时所掌握的材料，他们有充足的理由否定了 DNA 分子的单链和四链螺旋体结构。

他们知道当时有很多科学家都在进行 DNA 分子结构的研究，就像赛跑，谁都希望第一个到达终点，成为第一个成功建立模型的人。于是，他们很快就建立了一个三链螺旋结构。在这个结构中，糖—磷酸基骨架在内侧，碱基在外侧，由金属离子的结合力保持多链分子内部结构的稳定。他们自信这个模型的螺旋结构参数都是符合 DNA 的 X 射线材料所反映的事实。他们立即向皇家学院 X—射线衍射小组报告了 DNA 模型的建立。第二天，由威尔金斯为首的一批科学家加以验证和核实，发现他们对实验数据理解错了，把 DNA 的含水量算少了，DNA 密度变大，由此否定了他们建立的第一个三链模型。

第一个模型失败后，他们都暂时停止了直接建立 DNA 模型的研究工作。沃森从事烟草花叶病毒的研究，克里克仍从事蛋白质的研究工作。但是对 DNA 分子结构的兴趣并没有因第一次失败而减弱，他们希望这些研究工作也许会对建立 DNA 分子模型提供有效的线索。

后来，他们获悉美国的一位著名化学家莱纳斯·波林也在进行 DNA 分子结构的研究。而且他还建立了一个和他们第一个模型一样的模型，也是一种三链螺旋体。当然，这个模型也不是完美无缺的。他们由此受到鼓舞，虽然第一个模型失败了，但他们的工作还是处于领先地位，1952 年冬，沃森和克里克又以满腔的热情、坚强的毅力重新投入模型的建立工作。

不久，弗兰克林拍摄了一张 X 光照片，这张片子给了他们最盼望的东西。沃森说，"一见那张片子，我真激动极了，话也说不出来了，心怦怦直跳，因为从那张片子上完全可以断定 DNA 的结构是一个螺旋体，所不清楚的就是一个问题：这个螺旋体到底是像克里克同我所设想的那样，是一个双螺旋呢？还是像波林所做的那样是一种三链螺旋体？"

他们第二次建立的模型是一个双链螺旋模型。但是碱基以同配方式相对（如 A 与 A，T 与 T）。沃森很高兴地指出这个同配双螺旋模型的意义，"如果 DNA 是这样，我们将通过宣告它的发现而造成一种出人意外的事件，两条有相同碱基序列的相互盘绕的链条的存在，可能不是偶然的事件，宁可说它强烈地暗示：每个分子中的一链在某个早期阶段已作为合成另一链的模板。在这种情况下，基因复制随两条同样的链的分离而开始。然后两条新的子链在两个亲代模板上制成，从而形成两个与最初的 DNA 分子相同的分子。"但是同室的美国化学家多诺休却对此提出异议，他从化学角度指出，模型中的鸟嘌呤与胸腺嘧啶的互变异构体是错误的，于是第二个模型又宣告失败。

但是，他们并没有气馁，总结了前两次失败的教训，又开始建立第三个模型。

当时剑桥年轻的数学家约翰·格里菲斯对某些生化问题也感兴趣，

他同意为沃森和克里克计算在一个 DNA 分子内相同碱基之间的吸引力（弱的相互作用）。后来格里菲斯通过计算，发现不是相同碱基的相互吸引，而似乎是不同碱基之间的相互吸引，即腺嘌呤（A）吸引胸腺嘧啶（T），鸟嘌呤（G）吸引胸嘧啶（C）。

1952 年 6 月，奥地利生物化学家埃尔温·查伽夫参观剑桥时，与沃森和克里克相遇。据克里克回忆，那次见面时他们进行了以下对话："我们正和他谈论着蛋白质那家伙，'从有关核酸的所有研究中能得出什么结论呢？它还没有告诉我们任何我们想要知道的东西。'查伽夫略微带点辩护的口气答道：'噢，当然，比例是 1∶1。'于是我说：'这指的什么？'他说：'这一切都已发表了！'诚然，我从未读过这些文章，所以我一无所知。不过他告诉了我，并且效果是令人震惊的。这就是为什么我能记住的原因。我忽然想到：嗅，天啊，如果你晓得互补配对，你就一定会得到 1∶1 的比例了。不过，那时我确实忘记了格里菲斯曾告诉我什么，也记不起那些碱基的名称了。于是，我去找格里菲斯，问他是哪些碱基？并让他把它们写下来。可是，当时我又忘记了查伽夫对我说过的内容，所以又不能不回去查文献。使我惊奇的是，查伽夫谈到的配对和格里菲斯讲过的配对竟是一回事。"

1953 年初，沃森和克里克在参考了查伽夫的化学分析和所得出的碱基配对原则之后，着手再建立一个模型。在剑桥的时候，克里克和沃森的经济都很拮据，都没有能买得起汽车，而且剑桥是一个交通拥挤的城市，要想开着汽车进城是很困难的，所以几乎每个人都骑自行车。

一天，沃森说，"当我骑着自行车回到学校，翻进后门的时候我已经打定主意要亲自动手制作一个双链模型。在自然界里一切最重要的事物都是成双配对的，我想我的这种想法克里克是一定会同意的。"

第二天是星期六，沃森一大早就匆匆赶到实验室，当时克里克还在他自己的小屋里翻阅着刚寄来的《自然》杂志，准备下午再开始工作。后来他到实验室，遇到沃森，沃森立即把自己的新想法告诉了他，当他认真听完沃森的解释之后，也和沃森一样兴奋起来了。他俩立即投入工作，并把弗兰克林那张绝妙的 X 光照片作为向导，动手制作模型。

沃森说："我们现在最希望的是其他的科学家们对这个伟大的模型最好别来问得太仔细……不管怎么说，只要再有 3 个星期，我们的一切问题就都可以解决了，到那时波林再来同我们竞赛，那他就晚了！"

整整一个星期，两个人的注意力全部集中在 DNA 上，甚至连看电影的时候沃森也总是在想着那神妙莫测的分子结构。他们预先向机械厂定做了一些金属模型，但是机械厂说这些模型不能很快交货。为了抓紧时间，他们就用卡纸板和铁丝制作模型，然后再把它们逐个连接起来。他们始终在实验室以及克里克的小屋子里工作着。但是几次的手组装模型都是以失败而告终。

最后，还是机械厂加工的金属模型解决了问题。模型一到，沃森便熟练地拼接起来，他只花了一个小时就把原子按照 X 光照片上所显示的格式和科学规律排好了位置。螺旋体是向右旋转的，它带有向着相反方向延伸的糖和磷酸盐双链。

沃森把整个模型调整完毕，"让开身子请他（克里克）过来进行检查。一连 15 分钟克里克没有发现一点毛病。但是有好几次，当我看到他脸上那怀疑的表情，我的心不禁怦怦直跳起来。但每一次，我看见他的脸上终于又露出了满意的神情，接着朝下看去……"

看来一切还算顺利，克里克并没有发现什么错误。但是他们不希望这个模型像前两次那样，一展示出来就遭到失败。他们决定慎重一些，为了确定模型的可靠性，他们请劳伦斯·布雷格爵士来看这个模型。当他看到了这个模型，激动得和克里克、沃森毫无两样。

后来莫里斯·威尔金斯来看了以后也非常高兴。沃森回忆当时的情景：

"开始，当莫里斯一语不发看着我们那个金属做的模型时，克里克一直站在他旁边滔滔不绝地讲着这种结构会拍出什么样的 X 光照片的问题。后来克里克发现莫里斯对他的讲话并无兴趣，他只是一个劲地盯着双螺旋在看，克里克便只好一声不吭了……"

为了进一步证实这个双螺旋的可靠性，威尔金斯和弗兰克林回到实验室以后，把这个模型和他们拍摄的 X 光照片进行了比较，发现两者完全符合。

1953 年 3 月 18 日，沃森和克里克终于成功地建立了第三个 DNA 分子结构模型——双螺旋结构。在 4 月 25 日英国科学杂志《自然》上，沃森、克里克把他们的 DNA 分子双螺旋结构公诸于世。人们同时在该期杂志上看到一篇热情洋溢的支持性文章，作者正是女科学家弗兰克林。她为建立双螺旋结构模型提出数据，为沃森、克里克提供了成功的基石，虽然她没能得到像沃森、克里克及威尔金斯那样的荣誉，但是，她那高尚的科学道德受到后人的赞扬。1958 年，弗兰克林死于癌症，年仅 38 岁。

沃森、克里克所设计的 DNA 分子双螺旋结构是由两条脱氧核糖核苷酸链组成，它们围着同一中轴旋转而构成一个双股螺旋。两条链 3′、5′末端呈逆平行关系。螺旋是向右卷曲的，就像一个螺旋形的楼梯。如果把这个梯子拉直，梯子的两边是由脱氧核糖和磷酸间隔地连接起来，每一级的阶梯就是由每一边内侧的碱基通过氢键相连，从而保持整个梯子的稳定。能组成氢键的碱基对有两种类型：腺嘌呤（A）和胸腺嘧啶（T）；鸟嘌呤（G）和胞嘧啶（C）。每个阶梯之间相距 3.4Å，每 10 个阶梯绕轴一周，长度为 34Å。

DNA 分子双螺旋结构模型被看作分子生物学的开端，是人类在生物学研究领域上发展的又一个里程碑。这一创造性发现，促进了生物科学在分子水平上的研究，使生物学研究焕然一新，成为 20 世纪生物科学中最重要的发现。生物学家艾伦评价说："沃森、克里克的功绩在于将信息、结构与生物化学揉在一起研究遗传的（推而广之，一切生物学的）问题。这个认识对于获得遗传物质的精细结构，直到每个键角和不同原子及原子群之间的距离都是本质性的。"

为了表彰建立 DNA 分子双螺旋结构模型的科学家们，1962 年，沃森、克里克和威尔金斯三人共同获得诺贝尔生理和医学奖。

成功的背后

沃森和克里克成功地建立了双螺旋模型，但是这成功不是侥幸得来的，是经过一次又一次的失败，克服重重困难，一步步登上成功的顶峰。

沃森在剑桥的卡文迪许实验室进行研究的日子里，就是在不断克服困难中渡过的。

作为一个在美国长大的年轻人，英国的饭菜实在引不起沃森的食欲，而且还总让他的肠胃倍受折磨。他把这种饭菜叫做"无味的肉，没有颜色的菜，还有那煮得稀烂的土豆"。医生给他开了一瓶又一瓶的药，服了以后，却一点不起作用，所以不久他的胃便开始剧烈地疼痛起来，而且几乎是天天发作。

另外，他在剑桥大学里住的那几间屋子冷得叫他实在受不了，简直像"冰窖"一样，他说："除了睡着了不知道，我在房里整天能看到自己嘴里呼出来的热气。"

生活条件如此艰苦使沃森几乎已经打算回美国去了，但是为了早一天建立 DNA 分子模型，他改变了主意，决定还是留下来，继续搞研究。就这样，尽管英国的饭菜是那样不合他的肠胃，冬天没有暖气又使他那间房子冷得连笔都握不住，沃森还常常是独自面对那毫无热气的小炉子，苦思冥想着 DNA 螺旋体。

沃森对 DNA 分子结构的执着探索，也因为克里克的加入而不断出现新想法、新成果，他们都把成功归因于他们的特殊结合——两人相互补充，相互批评以及相互激发出对方的灵感，他们两个人的团结合作是开启成功之门的钥匙。两个人年龄、性格和气质差别很大。克里克比沃森大十几岁。两个人的个性截然相反，沃森是个孤独、比较文静、性格内向的人。而克里克比较急躁，喜欢大声谈话和纵情欢笑。在学术方面，沃森专攻噬菌体遗传学，而克里克则擅长于数学和物理。诸多的差异非但没有妨碍两位科学家的合作，相反，却使他们的合作更完美。克里克把沃森看作是"我所遇到过的、以同我一样的方式思考生物学问题的第一人"。而沃森则认为克里克是"我所共同工作过的最聪明的人"。他在 1951 年 12 月给德尔布吕克的信中写道："克里克无疑是我曾与之合作过的人中最生气勃勃的一个，而且极接近我曾见过的波林——事实上他看上去很像波林。他从未停止过谈论或思考，而且由于我的许多时间是在他家里度过的（他有一位非常迷人的法国妻子，她很精通烹调），我觉得自己也富有生气了。弗朗

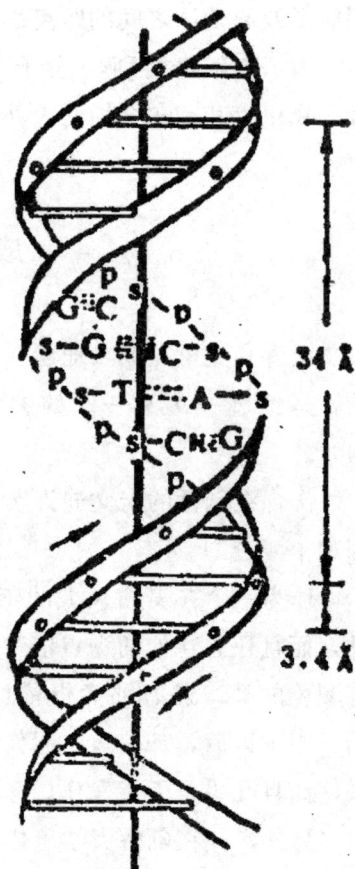

DNA双螺旋立体结构

两条缎带相互捻扭着，在它中间搭起了许多横档。横档恰好位于螺旋阶梯之间，生命密码 ATGC 就刻划在这里面。

（注：$1A^* = 10^{-10}$ 米）

西斯把大多数有志趣的年轻科学家都吸引到他的周围，因此，在他家的茶会上，我很容易遇到许多剑桥的知名人物。"

在研究过程中，两个人的看法经常发生分歧，但是他们常常在一起

探讨工作中出现的问题，在讨论中，相互补充彼此专业知识的不足。沃森说，在发现 DNA 的日子里，"我和弗朗西斯·克里克每天交谈至少几个小时……当他的一些公式不得其解的时候，他常常向我问及噬菌体方面的问题；其他时间，弗朗西斯便用结晶学的基本知识充实我的头脑，这些知识通常是需要耐心阅读专业杂志才能获得的"。

沃森和克里克之间的合作是幸运的，因为克里克不相信沃森或他自己能够单独发现 DNA 的结构。如果沃森没有来到剑桥，这个历史的进程又将是怎样的呢？克里克写道：

"沃森和我没有'发明'这个结构，它就在那里，等待着人们去发现。我似乎觉得，我们俩人中无论是谁都不能独立地发现它，但弗兰克林已经非常接近这一点了……威尔金斯在弗兰克林去世以后，应该在他某一个凑巧的时刻也会达到这一步。波林是否将作第二次尝试……我难以肯定……其他生物化学家们是否也会最后征服它呢？如果是这样，其结果又会有什么不同呢？"

DNA 分子双螺旋模型在沃森和克里克的合作中产生。但是如果没有其他各学科的新发现和新理论的支持，如遗传学、生物化学、细胞学、微生物学、物理学、化学和数学等方面的理论，他们两个是不可能完成这项重大的发现的。

在沃森和克里克的周围，有的是诺贝尔奖金获得者，有的是有名望的教授，有的是学术造诣很深的专家。他们在学术上对沃森、克里克有极大的帮助。如微生物遗传学家劳瑞亚、结晶学家威尔金斯、弗兰克林，生物化学家查伽夫，还有年轻的数学家格里菲斯等。和这些第一流学者的广泛接触，可以弥补他们自身某些方面知识的欠缺，为 DNA 分子模型的设计提供有益的建议。这是它们成功不可缺少的因素。

而且，他们又是在第一流的研究单位工作，沃森、克里克工作所在的美国"噬菌体小组"和英国卡文迪许实验室，都是分子生物学研究的中心，是举世闻名的研究中心。那里不仅有最先进的仪器设备，而且能及时获得各方面的研究资料。"他们处在一个富有活力的，消息灵通的中心，这是更为突出的优势。从这里他们能很快地获得成熟的资料，可以参照来自伦敦，甚至来自帕萨迪纳（波林）竞争者们的研究进展报告。他们共同或分别地以批判的眼光吸取同事们或者来访者（例如威尔金斯和查伽夫）的思想。"

对 DNA 的研究仍在继续

DNA 分子双螺旋的建立是 20 世纪生物科学的重大发现，科学家们了解了基因的化学本质，以及基因是如何起作用的，开始在分子水平上探索生命奥秘的里程。

在完善 DNA 分子结构的基础上，沃森和克里克进一步深入研究，明确了 DNA 在活体内的复制方式。在复制时，两条链分开，根据碱基配对原则，分别以自己为模板，指导互补链的形成，结果形成两条与原先一样的 DNA 分子，从而使 DNA 贮藏的遗传信息准确地一代一代传递下去。复制成的新的 DNA 分子保存了原来 DNA 分子的一半，这种复制称为半保留复制。以后由麦赛尔逊和斯塔勒等人的实验所证实。

进一步研究发现基因是 DNA 的一个片断，是遗传信息的载体，遗传信息在细胞内的生物大分子间转移遵循一定规则，即中心法则，包括 DNA 的复制、DNA 的转录和蛋白质的翻译。

在子代发育中，亲代 DNA 分子中的遗传信息，通过转录为 RNA，RNA 在核糖体上通过转译，把核酸和核苷酸顺序解读为蛋白质和氨基酸顺序，从而合成蛋白质使得亲代的各种遗传性状在子代中得到表达。

利用这一规律，科学家们在积极研究治疗某些遗传病的方法。用正常人的基因片断代替有病变的 DNA 片断，这样就可以指导细胞合成正常有效的酶或蛋白质，使病人机体得到康复。或者应用于农业，把某种植物的抗病基因或其他优良品质的基因转到某种作物中，培育出转基因作物，这种作物会表现出新的特性。也许在科学发达的未来，人类也能像某些动物那样，如海星、蚯蚓那样使身体缺损的部分再生出来。科学是不断进步的。科学会给人类带来美好的明天。

（赵云鲜）